“十三五”精品课程规划教材——土建类
互联网+工学结合创新教材

公路工程造价实训

主编　高　峰　张求书

内 容 提 要

本书为《公路工程造价》(第3版,高峰等主编)的配套用书。全书共分四个部分:第一部分为公路工程定额运用实训;第二部分为公路工程概算、预算造价文件编制实训;第三部分为公路工程招标、投标造价文件编制实训;第四部分为公路工程造价软件应用实训。

本书可作为高等院校和高职高专院校工程造价、工程管理、道路与桥梁工程技术、工程试验检测技术、工程测量技术等交通土建类相关专业的用书,亦可供中等职业教育土建及道桥类专业师生选用,或作为公路工程管理人员的培训用书及在职人员的继续教育和参考用书。

图书在版编目(CIP)数据

公路工程造价实训 : 互联网+工学结合创新教材 / 高峰, 张求书主编. -- 天津 : 天津大学出版社, 2022.5
"十三五"精品课程规划教材. 土建类
ISBN 978-7-5618-7180-5

Ⅰ. ①公… Ⅱ. ①高… ②张… Ⅲ. ①道路工程－工程造价－高等学校－教材 Ⅳ. ①U415.13

中国版本图书馆CIP数据核字(2022)第082580号

出版发行 天津大学出版社
地　　址 天津市卫津路92号天津大学内(邮编:300072)
电　　话 发行部:022-27403647
网　　址 www.tjupress.com.cn
印　　刷 天津泰宇印务有限公司
经　　销 全国各地新华书店
开　　本 185 mm×260 mm
印　　张 15.75
字　　数 393千
版　　次 2022年5月第1版
印　　次 2022年5月第1次
定　　价 49.00元

本书编委会

主　编　高　峰　张求书

副主编　赵慕楠　李国栋　李　杨　许乔木

主　审　董峻岩　韩青春

前　言

《公路工程造价实训》为与《公路工程造价》(第3版,高峰等主编)配套使用的教学用书。本书是根据交通运输部最新实施的《公路工程建设项目概算预算编制办法》(JTG 3830—2018)、《公路工程概算定额》(JTG/T 3831—2018)、《公路工程预算定额》(JTG/T 3832—2018)、《公路工程机械台班费用定额》(JTG/T 3833—2018)编写的,与岗位要求、职业资格证书考试衔接,与新规范、新标准同步。

本书是一本综合性强、实践内容全面的教材。编者根据多年工程造价编制的实践经验,结合多年在"校企合作、工学结合"人才培养模式和课程教学改革中取得的经验与成果编写了本教材。

本书按照"能力目标先行,以教师为主导,以学生为主体,以工程项目为载体,以工程项目实际计价工作的开展过程为任务导向,以综合训练为手段,理论实践一体化"教学模式的需要,在编写过程中力求深入浅出,加强适用性,以应用能力为核心,以解决实际问题为目标,紧密联系工程实际,旨在通过实训使学生具备编制公路工程概、预算及招、投标造价文件的能力和技巧,掌握公路工程定额的基本原理和使用方法,学会应用各种公路工程造价软件编制概、预算及招、投标造价文件。

本书共四个部分:第一部分为公路工程定额运用实训,共有十八个实训项目;第二部分为公路工程概算、预算造价文件编制实训,共有十二个实训项目;第三部分为公路工程招标、投标造价文件编制实训,共有两个实训项目;第四部分为公路工程造价软件应用实训,共有两个实训项目。每个实训项目中都有相应的实训范例,用于展示实训的要点和完成的方法与步骤,学生在范例的引导下可以自主完成实训项目,逐渐完成知识的归纳,最后教师对实训项目中的知识进行系统梳理，通过反复的训练，提升学生完成工作任务的能力。

本书第一部分实训一至实训十二由长春大学旅游学院高峰编写，实训十三至实训十八由吉林交通职业技术学院陈晴、吉林建筑科技学院李丹丹、中冶交通建设集团有限公司孙桂新共同编写；第二部分实训一至实训八由长春大学旅游学院张求书编写，实训九至实训十二由吉林交通职业技术学院徐静涛、长春市高等级公路建设管理中心徐君共同编写；第三部分实训一由长春大学旅游学院赵慕楠、长春建筑学院李国栋、吉林交通职业技术学院李杨共同编写，实训二由吉林省吉润工程咨询有限公司孙雷、冷丽丽，长春城投基础设施建设项目管理咨询有限公司尹志国共同编写；第四部分实训一、实训二由长春大学旅游学院杨晓辉、王瑞、宫越、许乔木共同编写；附录由长春大学旅游学院周子芮、李丹阳、杨雨曦共同编写。全书由长春大学旅游学院高峰统稿，由长春工程学院董峻岩和吉林省华洋工程咨询有限公司韩青春共同主审。编者在编写本书过程中得到了相关工程咨询单位的大力支持，在此一并表示感谢！

鉴于编者水平和经验有限，书中难免出现不足和欠妥之处，恳请读者批评指正。

编 者

2022 年 3 月

目　录

第一部分　公路工程定额运用实训

一、概、预算定额的组成内容

1. 概算定额的内容

（1）现行《公路工程概算定额》（JTG/T 3831—2018）分为上、下两册，由交通运输部于 2018 年 12 月 17 日发布，2019 年 5 月 1 日起实施。《公路工程概算定额》（以下简称《概算定额》）内容包括路基工程、路面工程、隧道工程、桥涵工程、交通工程及沿线设施、绿化及环境保护工程、临时工程，共七章。

（2）《概算定额》的组成部分共六个：颁发定额的文件、目录、总说明、各类工程的章说明、节说明、定额表。

2. 预算定额的内容

（1）现行《公路工程预算定额》（JTG/T 3832—2018）分为上、下两册，由交通运输部于 2018 年 12 月 17 日发布，2019 年 5 月 1 日起实施。《公路工程预算定额》（以下简称《预算定额》）内容包括路基工程、路面工程、隧道工程、桥涵工程、交通工程及沿线设施、绿化及环境保护工程、临时工程、材料采集及加工、材料运输及附录。

（2）《预算定额》附录包括四部分内容：路面材料计算基础数据表，基本定额，材料的周转及摊销，定额人工、材料、设备单价表。《预算定额》的内容、格式与《概算定额》基本相同。

二、运用定额的步骤

（1）根据工程项目的要求，确定所用定额的种类（概算定额或预算定额）。

（2）根据概（预）算项目表，依次按分项编号确定欲查定额的项目名称，再据此在定额目录中找到其所在页数，进而找到所需定额表。但要注意核查定额的工作内容、作业方式是否与施工组织设计相符。

（3）查到定额表后再进行如下步骤。

①当定额表“工程内容”与设计要求、施工组织要求相同时，则可在表中找到相应的细目，并进一步确定子目（栏号）。

②检查定额表的定额单位与工程项目的计量单位是否一致，是否符合规定的工程量计算规则。

③查看定额总说明、章说明、节说明以及表后的附注，按与所查子目相关的条款处理问题。

④根据设计图纸和施工组织设计检查子项目中有无须要抽换的定额，是否允许抽

换，若应抽换，则进行具体抽换计算。

⑤依子目各序号确定各项定额值，可直接引用的就直接抄录，需计算的则在计算后抄录。

三、运用定额应注意的问题

（1）项目单位要与定额单位一致，特别是在抽换、增列计算时更应注意。

（2）详细阅读总说明、章节说明及附注，每查一次细目都要重新考虑说明的规定。

（3）当细目中任何（工、料、机）定额值变化时，不要忘记其相应基价也要进行相应的变化。

（4）查定额时，首先要鉴别工程项目属于哪类工程，以免盲目确定后却在表中找不到栏目而无法计算或错误引用定额。如“不含圬工构造物的特殊路基处理”与“特殊路基处理中的圬工构造物”两个项目，前者属于路面工程，而后者属于构造物Ⅰ。

（5）定额中带“(　)”表示的消耗量，一般是不计价的，表示半成品的数量或基价中未包括其价值，是供参考的数量，查定额时应特别注意。

实训一　路基工程预算定额运用

一、实训目的与要求

（1）熟悉路基工程预算定额的内容。

（2）掌握路基工程预算定额的章节说明及运用要点。

（3）掌握路基工程预算定额运用的基本方法和要求。

二、实训要点及注意事项

（1）机械施工土、石方，挖方部分机械达不到需由人工完成的工程量由施工组织设计确定。其中，人工操作部分，按相应定额乘以系数 1.15。

（2）自卸汽车运输路基土、石方定额项目和洒水汽车洒水定额项目，仅适用于平均运距在 15 km 以内的土、石方或水的运输。当运距超过第一个定额运距单位时，其运距尾数不足一个增运定额单位的半数时不计，等于或超过半数时按一个增运定额运距单位计算。当平均运距超过 15 km 时，应按市场运价计算其运输费用。

（3）路基加宽填筑部分如需清除，按刷坡定额中普通土子目计算；清除的土方如需远运应按土方运输定额计算。

（4）下列数量应由施工组织设计提出，并入路基填方数量内计算。

①清除表土或零填方地段的基底压实、耕地填前夯（压）实后，回填至原地面高程所

需的土、石方数量。

②因路基沉陷需增加填筑的土、石方数量。

③为保证路基边缘的压实度需加宽填筑时，所需的土、石方数量。

（5）边沟、排水沟、截水沟、急流槽定额均未包括垫层的费用，需要时按有关定额另行计算。

（6）雨水箅子的规格与定额不同时，可按设计用量抽换定额中铸铁箅子的消耗。

（7）袋装砂井及塑料排水板处理软土地基，工程量为设计深度，定额材料消耗中已包括砂袋或塑料排水板的预留长度。

（8）振冲碎石桩定额中不包括污泥排放处理的费用，需要时另行计算。

（9）挤密碎石桩、灰土桩、砂桩和石灰砂桩处理软土地基定额的工程量为设计桩断面积乘以设计桩长。

（10）水泥搅拌桩和高压旋喷桩处理软土地基定额的工程量为设计桩长。

（11）高压旋喷桩定额中的浆液系按普通水泥浆编制的，当设计采用添加剂或水泥用量与定额不同时，可按设计要求进行抽换。

（12）土工布的铺设面积为锚固沟外边缘所包围的面积，包括锚固沟的底面积和侧面积。定额中不包括排水内容，需要时另行计算。

（13）强夯定额适用于处理松、软的碎石土、砂土、低饱和度的粉土与黏性土、湿陷性黄土、杂填土和素填土等地基。定额中已综合考虑夯坑的排水费用，使用定额时不得另行增加费用。每 100 m^2 夯击点数和击数按设计确定。

（14）防护工程定额中均不包括挖基、基础垫层的工程内容，需要时按桥涵工程项目的有关定额计算。

（15）防护工程定额中均已包括按设计要求需要设置的伸缩缝、沉降缝的费用，以及水泥混凝土的拌和费用。

（16）植草护坡定额中均已综合考虑黏结剂、保水剂、营养土、肥料、覆盖薄膜等的费用，使用定额时不得另行计算。

（17）预应力锚索护坡定额中的脚手架系按钢管脚手架编制的，脚手架宽度按 2.5 m 考虑。

（18）铺草皮工程量按所铺边坡的坡面面积计算。

（19）护坡定额中以 100 m^2 或 1 000 m^2 为计量单位的子目的工程量，按设计需要防护的边坡坡面面积计算。

（20）木笼、竹笼、铁丝笼填石护坡的工程量按填石体积计算。

（21）预应力锚索的工程量为锚索（钢绞线）长度与工作长度的质量之和。

（22）抗滑桩挖孔工程量按护壁外缘所包围的面积乘以设计孔深计算。

三、实训范例

【范例一】某一级公路，平原微丘区，一路段挖方数量为 3 800 m^3，填方数量为 5 000 m^3，本桩利用方数量为 2 900 m^3（Ⅰ类土 600 m^3，Ⅱ类土 1 125 m^3，Ⅲ类土 875 m^3，Ⅳ类土 300 m^3），远运利用方数量为Ⅱ类土 1 300 m^3（天然方），试求本路段的借方、弃方及计价方数量。

解析：

（1）根据《预算定额》第 1 页第一章说明的规定，确定土、石方类别，分别为松土、普通土、硬土、软石。

（2）借方（压实方）。根据《预算定额》第 3 页第一章第一节说明 8 的规定，当运输土方时，由于有运输损耗，在计算土方运输定额消耗时需要考虑运输损耗对运输量的影响。如路基填方为借方，则应在定额基础上增加 0.03 的损耗。本桩利用方量为 2 900 m^3，换算为压实方的数量为：$\frac{600}{1.23}+\frac{1\,125}{1.16}+\frac{875}{1.09}+\frac{300}{0.92}=2\,586.47\ m^3$

远运利用方 1 300 m^3 换算为压实方的数量为：1 300/1.16=1 120.69 m^3

故借方为：5 000−2 586.47−1 120.69=1 292.84 m^3

（3）弃方（天然方）为：3 800−2 900=900 m^3

（4）计价方的计算如下：

计价方=挖方（天然方）+借方（压实方）

或　计价方=挖方（天然方）+填方（压实方）−利用方（压实方）

所以

计价方=3 800+1 292.84=5 092.84 m^3

【范例二】某混凝土挡土墙工程，基础为 C20 片石混凝土 35 m^3，垫层为填碎（砾）石 18 m^3，墙身为 C20 水泥混凝土 75 m^3，试确定其人工、水泥的用量。

解析：

（1）C15 片石混凝土基础：

由《预算定额》表[141-1-4-19-1][①]（定额单位为 10 m^3）得

人工：$11.5\times35\div10=40.25$ 工日

32.5 级水泥：$2.448\times35\div10=8.568$ t

（2）填碎（砾）石垫层：

根据《预算定额》第 83 页第一章第四节说明 2，垫层定额可采用桥涵工程有关定额，查《预算定额》表[893-4-11-5-2]（定额单位为 10 m^3 实体）得

人工：$3.5\times18\div10=6.3$ 工日

（3）墙身 C20 水泥混凝土：

查《预算定额》表 [141-1-4-19-2]（定额单位为 10 m^3）得

① 141 表示页码，1-4-19 表示表的编号，1 表示表中对应项的编号，后同。

人工：$13.5\times75\div10=101.25$ 工日

32.5 级水泥：$2.876\times75\div10=21.57$ t

四、上交资料

每人上交实训报告一份。

实训报告(1)

日期:　　　　班级:　　　　组别:　　　　姓名:　　　　学号:

实训任务	路基土、石方工程预算定额运用	成绩	
实训目的	通过此次实训,使学生知道路基土、石方工程预算定额的内容;掌握路基土、石方工程预算定额的章节说明及运用要点;掌握路基土、石方工程预算定额运用的基本方法和要求。		
实训内容	某三级公路,一路段挖方数量为 4 100 m^3,填方数量为 3 800 m^3,本桩利用方数量为 2 200 m^3(松土 360 m^3,普通土 890 m^3,硬土 950 m^3),远运利用方(天然方)数量为普通土 550 m^3 和软石 375 m^3,试求本路段的借方、弃方及计价方数量。(提示:换算时注意考虑运输过程中造成的材料损耗)		
实训总结			

实训报告(2)

日期：　　　　班级：　　　　组别：　　　　姓名：　　　　学号：

实训任务	路基防护工程预算定额运用	成绩	
实训目的	通过此次实训，使学生知道路基防护工程预算定额的内容；掌握路基防护工程预算定额的章节说明及运用要点；掌握路基防护工程预算定额运用的基本方法和要求。		
实训内容	某一级公路防护工程，人工铺草皮，边坡面积为 38 000 m^2，花格式铺筑，边坡高 13 m，浆砌块石挡土墙，基础为 18 m^3，墙身为 35 m^3，求工、料、机耗用量。（提示：注意从项目中准确划分细目）		
实训总结			

实训二　路面工程预算定额运用

一、实训目的与要求

（1）明确路面工程预算定额的内容。

（2）掌握路面工程预算定额的章节说明及运用要点。

（3）掌握路面工程预算定额运用的基本方法和要求。

（4）会查用路面工程预算定额。

二、实训要点及注意事项

（1）路面项目中的厚度均为压实厚度，培路肩厚度为净培路肩的夯实厚度。

（2）本定额中凡列有洒水汽车的子目，均按 5 km 范围内洒水汽车在水源处自吸水编制，不计水费。当工地附近无天然水源可利用，必须采用供水部门供水（如自来水）时，可根据定额子目中洒水汽车的台班数量，按每台班 35 m^3 计算定额用水量，乘以供水部门规定的水价增列水费。洒水汽车取水的平均运距超过 5 km 时，可按路基工程的洒水汽车洒水定额中的增运定额增加洒水汽车的台班消耗，但增加的洒水汽车台班消耗量不得再计水费。

（3）压路机台班按行驶速度，即两轮光轮压路机为 2.0 km/h、三轮光轮压路机为 2.5 km/h、轮胎式压路机为 5.0 km/h、振动压路机为 3.0 km/h 进行编制。当设计为单车道路面宽度时，两轮光轮压路机乘以系数 1.14、三轮光轮压路机乘以系数 1.33、轮胎式压路机和振动压路机乘以系数 1.29。

（4）自卸汽车运输稳定土混合料、沥青混合料和水泥混凝土定额项目，仅适用于平均运距在 15 km 以内的混合料运输，当运距超过第一个定额运距单位时，其运距尾数不足一个增运定额单位的半数时不计，等于或超过半数时按一个增运定额运距单位计算。当平均运距超过 15 km 时，应按市场运价计算其运输费用。

（5）各类垫层、级配碎石、级配砾石基层的压实厚度在 15 cm 以内，填隙碎石一层的压实厚度在 12 cm 以内，各类稳定土基层、其他种类的基层和底基层压实厚度在 20 cm 以内，拖拉机、平地机、摊铺机和压路机的台班消耗按定额数量计算。当超过上述压实厚度进行分层拌和、摊铺、碾压时，拖拉机、平地机、摊铺机和压路机的台班消耗按定额数量加倍计算，每 1 000 m^2 增加 1.5 个工日。

（6）人工沿路翻拌和筛拌稳定土混合料定额中均已包括土的过筛工消耗，因此，土的预算价格中不应再计算过筛费用。

（7）各类稳定土底基层采用稳定土基层定额时，每 1 000 m² 路面减少 12~15 t 光轮压路机 0.18 台班。

（8）泥结碎石、级配碎石、级配砾石、天然砂砾、粒料改善土壤路面面层的压实厚度在 15 cm 以内，拖拉机、平地机和压路机的台班消耗按定额数量计算。如超过上述压实厚度且需进行分层拌和、碾压时，拖拉机、平地机和压路机的台班消耗按定额数量加倍计算，每 1 000 m² 增加 1.5 个工日。

（9）泥结碎石及级配碎石、级配砾石面层定额中，均未包括磨耗层和保护层，需要时应按磨耗层和保护层定额另行计算。

（10）沥青表面处治路面、沥青贯入式路面和沥青上拌下贯式路面的下贯层以及透层、黏层、封层定额中已计入热化、熬制沥青用的锅、灶等设备的费用，使用定额时，不得另行计算。

（11）沥青碎石混合料、沥青混凝土和沥青碎石玛琋脂混合料路面定额中，均已包括混合料拌和、运输、摊铺作业时的损耗因素，路面实体按路面设计面积乘以压实厚度计算。

（12）沥青路面定额中均未包括透层、黏层和封层，需要时可按有关定额另行计算。

（13）沥青路面定额中的乳化沥青和改性沥青，均按外购成品料进行编制；当在现场自行配制时，其配制费用计入材料预算价格中。

（14）当沥青玛琋脂碎石混合料设计采用的纤维稳定剂的掺加比例与定额不同时，可按设计用量调整定额中纤维稳定剂的消耗。

（15）沥青路面定额中，均未考虑为保证石料与沥青的黏附性而采用的抗剥离措施的费用，需要时，应根据石料的性质，按设计提出的抗剥离措施，计算其费用。

（16）在冬五区、冬六区采用层铺法施工沥青路面时，其沥青用量可按定额用量乘以下列系数：沥青表面处治，1.05；沥青贯入式基层，1.02；面层，1.028；沥青上拌下贯式下贯部分，1.043。

（17）本定额系按一定的油石比编制的。当设计采用的油石比与定额不同时，可按设计油石比调整定额中的沥青用量。

（18）挖除旧路面按设计提出的需要挖除的旧路面体积计算。

（19）硬路肩工程项目，根据其不同设计层次结构，分别采用不同的路面定额项目进行计算。

三、实训范例

【范例】某二级公路路面工程，石灰粉煤灰土基层，采用拖拉机带铧犁拌和，铺筑面积为 112 000 m²，厚 23 cm，10 000 L 洒水汽车洒水，工地附近无天然水源，需取自来水，距工地 7 km，自来水价格为 1.26 元/m³。求增列水费、实际使用洒水汽车定额、总台班消耗。

解析：

根据《预算定额》第 161 页第二章说明 4 的规定，并查《预算定额》表[181-2-1-4-Ⅱ-15+16×3]，计算如下。

（1）增列水费。

每喷洒 1 000 m^2 基层用水量：（0.44+0.03×3）×35=18.55 m^3

水费：18.55×1.26×112 000/1 000=2 617.78 元

（2）实际使用洒水汽车定额。

由《预算定额》第 161 页第二章说明 4 可知，洒水汽车取水的平均运距超过 5 km 时，可按路基工程的洒水汽车洒水定额中的增运定额增加洒水汽车的台班消耗。由《预算定额》[35-1-1-22-8]知，每立方米水增运（7−5）km 所增加的洒水汽车台班为

0.26×（7−1）/0.5/1 000=0.003 12 台班

所以，增列洒水汽车的台班定额为每喷洒 1 000 m^2 基层用水所增运 6 km 洒水汽车台班：18.55×0.003 12=0.058 台班

实际使用洒水汽车定额：（0.44+0.03×3）+0.058=0.588 台班

（3）总作业量=实际使用洒水汽车定额 × 工程量

=0.588×112 000/1 000=65.856 台班

四、上交资料

每人上交实训报告一份。

实训报告

日期：　　　班级：　　　组别：　　　姓名：　　　学号：

实训任务	路面工程预算定额运用	成绩	
实训目的	通过此次实训，使学生明确路面工程预算定额的内容；熟悉路面工程预算定额的章节说明及运用要点；会查用路面工程预算定额。		
实训内容	某一级公路，采用水泥石灰砂砾基层，稳定土拌和机拌和，铺筑面积为 78 000 m^2，厚 26 cm，10 000 L 洒水汽车洒水，工地附近无天然水源，需取自来水，距工地 9 km，自来水价格为 1.48 元/m^3。求增列水费、实际使用洒水汽车定额、总台班消耗。		
实训总结			

实训三　隧道工程预算定额运用

一、实训目的与要求

(1)明确隧道工程预算定额的内容。

(2)掌握隧道工程预算定额的章节说明及运用要点。

(3)掌握隧道工程预算定额运用的基本方法和要求。

(4)会查用隧道工程预算定额。

二、实训要点及注意事项

(1)洞内出渣运输定额已综合洞门外 500 m 运距,当洞门外运距超过此运距时,可按照路基工程自卸汽车运输土石方的增运定额加计增运部分的费用。

(2)本定额中均未包括混凝土及预制块的运输,需要时应按有关定额另行计算。

(3)洞门挖基、仰坡及天沟开挖、明洞明挖土石方等,应使用其他章节的有关定额计算。

(4)洞内工程项目如需采用其他章节的定额,所采用定额的人工工日、机械台班数量及小型机具使用费应乘系数 1.26。

(5)本定额中正洞机械开挖自卸汽车运输定额系按开挖、出渣运输分别编制,不分工程部位均使用本定额。施工通风及高压风水管和照明电线路单独编制定额项目。

(6)本定额中连拱隧道中导洞、侧导洞开挖和中隔墙衬砌项目是按连拱隧道施工方法编制的,除此以外的其他部位的开挖、衬砌、支护可套用其他定额。

(7)格栅钢架和型钢钢架项目均按永久性支护编制,如作为临时支护使用,应按规定计取回收。

(8)喷射混凝土定额中已综合考虑混凝土的回弹量;钢纤维混凝土中钢纤维掺入量按喷射混凝土质量的 3%计算。当设计采用的钢纤维掺入量与本定额不同或采用其他材料时,可进行抽换。

(9)洞身衬砌项目按现浇混凝土衬砌,石料、混凝土预制块衬砌分别编制,定额中已综合考虑超挖回填因素。当设计采用的混凝土强度等级与定额采用的不符时或采用特殊混凝土时,可根据具体情况对混凝土配合比进行抽换。

(10)本定额所指隧道长度均指隧道进出口(不含与隧道相连的明洞)洞门端墙墙面之间的距离,即两端端墙面与路面的交线同路线中线交点间的距离。双线隧道按上、下行隧道长度的平均值计算。

（11）洞身开挖、出渣工程量按设计断面数量（成洞断面加衬砌断面）计算，包含洞身及所有附属洞室的数量，定额中已考虑超挖因素，不得将超挖数量计入工程量。

（12）洞身开挖、出渣工程量按设计断面数量（成洞断面加衬砌断面）计算，包含洞身及所有附属洞室的数量，定额中已考虑超挖因素，不得将超挖数量计入工程量。

（13）现浇混凝土衬砌中浇筑、运输的工程数量，均按设计断面衬砌数量计算，包含洞身及所有附属洞室的衬砌数量。定额中已综合考虑因超挖及预留变形需回填的混凝土数量，不得将上述因素的工程量计入计价工程量中。

（14）防水板、明洞防水层的工程数量按设计敷设面积计算。

（15）拱顶压浆的工程数量按设计数量计算，设计时可按每延长米 0.25 m^3 综合考虑。

（16）喷射混凝土的工程量按设计厚度乘以喷射面积计算，喷射面积按设计外轮廓线计算。

（17）砂浆锚杆工程量为锚杆、垫板及螺母等材料质量之和；中空注浆锚杆、自进式锚杆的工程量按锚杆设计长度计算。

（18）格栅钢架、型钢钢架工程数量按钢架的设计质量计算。

（19）管棚、小导管的工程量按设计钢管长度计算，当管径与定额不同时，可调整定额中钢管的消耗量。

（20）横向塑料排水管按设计的铺设长度计算；纵向弹簧管按隧道纵向每侧铺设长度之和计算；环向盲沟按隧道横断面铺设长度计算。

（21）洞门墙工程量为主墙和翼墙等圬工体积之和。仰坡、截水沟等应按有关定额另行计算。

三、实训范例

【范例】云南省内某隧道工程，Ⅲ级围岩，隧道长 6 km，施工中需进行洞内反坡排水，排水量为 18 m^3/h，累计排水 196 m^3，求洞内排水的工、料、机消耗量。

解析：

根据《预算定额》第 306 页第三章第一节说明 9，对抽水机台班进行调整。查表[349-3-1-17-5+6]，计算如下。

人工：$0.1\times196/100=0.196$ 工日

其他材料费：$(7.8+1)\times196/100=17.25$ 元

直径 150 mm 电动单级离心水泵：$(0.35+0.1)\times1.35\times196/100=1.19$ 台班

直径 150 mm 以内污水泵：$(0.35+0.1)\times1.35\times196/100=1.19$ 台班

四、上交资料

每人上交实训报告一份。

实 训 报 告(1)

日期：　　　　　班级：　　　　　组别：　　　　　姓名：　　　　　学号：

实训任务	隧道工程预算定额运用(一)	成绩	
实训目的	通过此次实训,使学生熟悉隧道工程预算定额的章节说明及运用要点;掌握隧道工程预算定额运用的基本方法和要求;会查用隧道工程预算定额。		
实训内容	已知某隧道长 1 050 m,洞身次坚石开挖 35 607 m^3,采用机械开挖自卸汽车运输,超前支护采用型钢钢架钢支撑 97.8 t, 30#喷射混凝土衬砌 1 068.9 m^3。试确定该洞身项目的预算定额基价。(提示:机械开挖自卸汽车运输的预算定额内容与概算定额内容略有不同,开挖与出渣要分开查找和计算)		
实训总结			

实训报告(2)

日期：　　　　班级：　　　　组别：　　　　姓名：　　　　学号：

实训任务	隧道工程预算定额运用(二)	成绩	
实训目的	通过此次实训，使学生熟悉隧道工程预算定额的章节说明及运用要点；掌握隧道工程预算定额运用的基本方法和要求；会查用隧道工程预算定额。		
实训内容	四川省境内某隧道工程，围岩Ⅳ级，隧道长 2.2 km，按设计图计算得洞身开挖 78 500 m^3，另需超挖 2 560 m^3，机械开挖轻轨斗车运输 1 200 m，确定人工、机械的消耗。		
实训总结			

实训四　桥涵工程预算定额运用

一、实训目的与要求

（1）明确桥涵工程预算定额的内容。

（2）熟悉桥涵工程预算定额的章节说明及运用要点。

（3）掌握桥涵工程预算定额运用的基本方法和要求。

（4）会查用桥涵工程预算定额。

二、实训要点及注意事项

（1）定额中混凝土工程除大型预制构件底座、混凝土搅拌站安拆和钢桁架桥式码头项目中已考虑混凝土的拌和费用外，其他混凝土项目中均未考虑混凝土的拌和费用，应按有关定额另行计算。

（2）定额中混凝土均按露天养生考虑，如采用蒸汽养生时，应从各有关定额中按每10 m^3 扣减人工 1.0 个工日及其他材料费 4 元，并按蒸汽养生有关定额计算。

（3）定额中凡钢筋直径在 10 mm 以上的接头，除注明为钢套筒连接外，均采用电弧搭接焊或电阻对接焊。

（4）定额中的钢筋按选用图纸分为 HRB300、HRB400；设计中采用 HRB500 时，可将定额中的 HRB400 抽换为 HRB500。当设计图纸的钢筋比例与定额有出入时，可调整钢筋品种的比例关系。

（5）定额中的钢筋是按一般定尺长度计算的，当设计提供的钢筋连接用钢套筒数量与定额有出入时，可按设计数量调整定额中的钢套筒消耗，其他消耗不调整。

（6）模板不单列项目。混凝土工程中所需的模板包括钢模板、组合钢模板、木模板，均按其周转摊销量计入混凝土定额中。

（7）现浇混凝土、预制混凝土、构件安装的工程量为构筑物或预制构件的实际体积，不包括其中空心部分的体积，钢筋混凝土项目的工程量不扣除钢筋（钢丝、钢绞线）、预埋件和预留孔道所占的体积。

（8）构件安装定额中在括号内所列的构件体积数量，表示安装时需要备制的构件数量。

（9）钢筋工程量为钢筋的设计质量，定额中已计入施工操作损耗，一般钢筋因接长所需增加的钢筋质量已包括在定额中，不得将这部分质量计入钢筋设计质量内。

（10）开挖基坑土、石方运输按弃土于坑外 10 m 范围内考虑，如坑上水平运距超过

10 m 时，另按路基土、石方增运定额计算。

（11）基坑深度为坑的顶面中心标高至底面的数值。在同一基坑内，不论开挖哪一深度均执行该基坑的全深度定额。

（12）开挖基坑定额中已综合了基底夯实、基坑回填及检平石质基底用工，湿处挖基还包括挖边沟、挖集水井及排水作业用工，使用定额时，不得另行计算。

（13）开挖基坑定额中不包括挡土板，需要时应据实按有关定额另行计算。

（14）机械挖基定额中已综合了基底高程以上 20 cm 范围内采用人工开挖和基底修整用工。

（15）本节基坑开挖定额均按原土回填考虑；当采用取土回填时，应按路基工程有关定额另计取土费用。

（16）挖基定额中未包括水泵台班，挖基及基础、墩台修筑需要排水时按基坑排水定额计算。

（17）草土、塑料编织袋、竹笼、木笼铁丝围堰定额中已包括 50 m 以内人工挖运土方的工日数量，定额括号内所列"土"的数量不计价，仅限于取土运距超过 50 m 时，按人工挖运土方的增运定额，增加运输用工。

（18）打预制钢筋混凝土方桩和管桩的工程量，应根据设计尺寸及长度以体积计算（管桩的空心部分应予以扣除）。设计中规定凿去的桩头部分的数量，应计入设计工程量内。

（19）钢筋混凝土方桩的预制工程量，应为打桩定额中括号内的备制数量。

（20）打钢板桩的工程量按设计需要的钢板桩质量计算。

（21）打桩用的工作平台的工程量，按施工组织设计所需的面积计算。

（22）船上打桩工作平台的工程量，根据施工组织设计，按一座桥梁实际需要打桩机的台数和每台打桩机需要的船上工作平台面积的总和计算。

（23）灌注桩成孔工程量按设计入土深度计算。定额中的孔深指护筒顶至桩底（设计高程）的深度。造孔定额中同一孔内的不同土质，不论其所在的深度如何，均采用总孔深定额。

（24）人工挖孔的工程量按护筒（护壁）外缘所包围的面积乘以设计孔深计算。

（25）浇筑水下混凝土的工程量按设计桩径横断面面积乘以设计桩长计算，不得将扩孔因素计入工程量。

（26）灌注桩工作平台的工程量按施工组织设计需要的面积计算。

（27）预制构件的工程量为构件的实际体积（不包括空心部分的体积），但预应力构件的工程量为构件预制体积与构件端头封锚混凝土的数量之和。预制空心板的空心堵头混凝土已综合在预制定额内，计算工程量时不应再计列这部分混凝土的数量。

（28）使用定额时，构件的预制数量应为安装定额中括号内所列的构件备制数量。

（29）安装的工程量为安装构件的体积。

(30)构件安装时的现浇混凝土的工程量为现浇混凝土和砂浆的数量之和。但如在安装定额中已计列砂浆消耗的项目,则在工程量中不应再计列砂浆的数量。

(31)预制、悬拼预应力箱梁临时支座的工程量为临时支座中混凝土及硫黄砂浆的体积之和。

(32)移动模架的质量包括托架(牛腿)、主梁、鼻梁、横梁、吊架、工作平台及爬梯的质量,不包括液压构件和内外模板(含模板支撑系统)的质量。

(33)预应力钢绞线、预应力精轧螺纹粗钢筋的工程量为锚固长度与工作长度的质量之和。

(34)先张钢绞线质量为设计图纸质量,定额中已包括钢绞线损耗及预制场构件间的工作长度及张拉工作长度。

(35)构件运输的各种运输距离以 10 m、50 m、1 km 为计算单位。不足第一个 10 m、50 m、1 km 者,均按 10 m、50 m、1 km 计,超过第一个定额运距单位时,其运距尾数不足一个增运定额单位的半数时不计,等于或超过半数时按一个定额运距单位计算。

(36)运输便道、轨道的铺设,栈桥码头、龙门架、缆索的架设等,均未包括在定额内,应按有关章节定额另行计算。

(37)桥梁拱盔、木支架及简单支架均按有效宽度 8.5 m 计,钢支架按有效宽度 12.0 m 计,当实际宽度与定额不同时可按比例换算。

(38)木结构制作按机械配合人工编制,配备的木工机械均已计入定额中。结构中的半圆木构件,用圆木对剖加工所需的工日及机械台班均已计入定额内。

(39)所有拱盔均包括底模板及工作台的材料,但不包括现浇混凝土的侧模板。

(40)桁构式拱盔安装、拆除用的人字扒杆、地锚移动用工及拱盔缆风设备工料已计入定额,但不包括扒杆制作的工、料,扒杆数量根据施工组织设计另行计算。

(41)桁构式支架定额中已包括了墩台两旁支撑排架及中间拼装、拆除用支撑架,支撑架已加计了拱矢高度并考虑了缆风设备。定额以孔为计量单位。

(42)木支架及满堂式钢管支架的帽梁和地梁已计入定额中,地梁以下的基础工程未计入定额中,如需要,应按相应定额另行计算。

(43)钢桁架桥中的钢桁架,施工用的导梁钢桁和连接及加固杆件,钢索吊桥中的钢桁、钢桁横梁、悬吊系统构件、套筒及拉杆构件均为半成品,使用定额时应按半成品价格计算。

三、实训范例

【范例一】某桥预制安装预应力箱梁钢筋,钢筋采用现场加工的方式,钢筋的设计使用量为:HRB300 钢筋 4.1 t,HRB400 钢筋 8.6 t,试确定该分项的钢筋定额。

解析:

根据《预算定额》第 374 页第四章说明二中 2 的规定,如设计图纸的钢筋比例与定额有出入，可调整钢筋品种的比例关系。

（1）查《预算定额》表[751-4-7-15-3]。由表中查得 HPB300 钢筋与 HRB400 钢筋的比例为 0.156：0.869=0.180。

（2）设计图纸中 HPB300 钢筋与 HRB400 钢筋的比例为 4.1：8.6=0.477，可知与定额比例不符，应进行换算。

（3）由《预算定额》第 1 260 页附录四可知 HPB300 钢筋、HRB400 钢筋的场内运输及操作损耗为 2.5%。

（4）实用定额（1 t 钢筋）为

光圆钢筋：$\dfrac{4.1}{4.1+8.6}\times(1+0.025)=0.331\ \text{t}$

带肋钢筋：$\dfrac{8.6}{4.1+8.6}\times(1+0.025)=0.694\ \text{t}$

【范例二】某桥梁工程修筑塑料编织袋围堰，围堰中心长 28 m，宽 22 m，施工水深为 1.4 m，装编织袋土手推车运输，运距为 180 m，试确定该工程的预算定额值及总用工数量。

解析：

（1）根据《预算定额》第 386 页第四章第二节说明 14（1），确定围堰高度为施工水深加 0.5 m，即围堰高 1.9 m。

（2）围堰工程量的大小：（28+22）× 2=100 m

（3）查《预算定额》表[388-4-2-2-4+5]，由表注知，围堰高度不同时，可内插计算。每 10 m 长围堰的定额值计算如下。

人工：18.95 工日

材料：塑料编织袋 846 个

土：51.25 m^3

用工数量小计：18.95 × 100 ÷ 10=189.5 工日

根据《预算定额》第 385 页第四章第二节说明（2）规定，当取土运距大于 50 m 时，应按人工挖运土方定额增列超运距用工，查《预算定额》表[1163-9-1-1-6-4]得 1 000 m^3 天然密实方每增运 10 m 定额值计算如下。

人工：5.9 工日

人工小计：5.9 × [（180−50）÷ 10] ×（51.25 ÷ 1 000）×（100 ÷ 10）=39.31 工日

（4）总用工数量：189.5+39.31=228.81 工日

四、上交资料

每人上交实训报告一份。

实训报告(1)

日期： 班级： 组别： 姓名： 学号：

实训任务	桥涵工程预算定额运用(一)	成绩	
实训目的	通过此次实训，使学生熟悉桥涵工程预算定额的章节说明及运用要点；掌握桥涵工程预算定额运用的基本方法和要求；会查用桥涵工程预算定额。		
实训内容	某小桥靠岸桥台的基坑开挖工程，土质为松软的黄土，人工开挖卷扬机吊运，基坑顶面中心标高为87 m，地下水位为85.0 m，基底标高为83.0 m，挖基总量为280 m^3，其中干处开挖130 m^3，基底以上20 cm人工开挖18 m^3，运距为60 m，试确定基坑开挖所需的人工、机械的预算定额值。（提示：根据节说明要求计列摇头扒杆、处理基底以上20 cm人工开挖的问题，计列人工开挖、卷扬机吊运和挖基、砌筑用水泵台班定额）		
实训总结			

实训报告(2)

日期：　　　　　班级：　　　　　组别：　　　　　姓名：　　　　　学号：

实训任务	桥涵工程预算定额运用(二)	成绩	
实训目的	通过此次实训，使学生熟悉桥涵工程预算定额的章节说明及运用要点；掌握桥涵工程预算定额运用的基本方法和要求；会查用桥涵工程预算定额。		
实训内容	某桥采用陆地工作平台上打钢筋混凝土桩基础，地基土层从上到下依次为亚黏土 3 m，砂类土 4 m，砂砾 7 m，设计垂直桩入土深度 17 m，斜桩入土深度 18 m，设计规定凿去桩头 1 m，根据施工组织设计，打桩工作平台为 220 m²，试计算打钢筋混凝土方桩预算定额值。（提示：根据节说明考虑斜桩问题和凿桩头问题，计列垂直桩和打桩工作平台定额）		
实训总结			

实训五　交通工程及沿线设施预算定额运用

一、实训目的与要求

(1)熟悉交通工程及沿线设施预算定额的内容。

(2)掌握交通工程及沿线设施预算定额的章节说明及运用要点。

(3)掌握交通工程及沿线设施预算定额运用的基本方法和要求。

二、实训要点及注意事项

(1)钢筋混凝土防撞护栏中铸铁柱与钢管栏杆按柱与栏杆的总质量计算,预埋螺栓、螺母及垫圈等附件已综合在定额内,使用定额时,不得另行计算。

(2)波形钢板护栏中钢管柱、型钢柱按柱的成品质量计算;波形钢板按波形钢板、端头板(包括端部稳定的锚定板、夹具、挡板)与撑架的总质量计算,柱帽、固定螺栓、连接螺栓、钢丝绳、螺母及垫圈等附件已综合在定额内,使用定额时,不得另行计算。

(3)隔离栅中钢管柱按钢管与网框型钢的总质量计算,型钢立柱按柱与斜撑的总质量计算,钢管柱定额中已综合了螺栓、螺母、垫圈及柱帽钢板的数量,型钢立柱定额中已综合了各种连接件及地锚钢筋的数量,使用定额时,不得另行计算。

(4)中间带隔离墩上的钢管栏杆与防眩板分别按钢管与钢板的总质量计算。

(5)金属标志牌中立柱质量按立柱、横梁、法兰盘等的总质量计算;面板质量按面板、加固槽钢、抱箍、螺栓、滑块等的总质量计算。

(6)收费岛上涂刷反光标志漆和粘贴反光膜的数量,已综合在收费岛混凝土定额中,使用定额时,均不得另行计算。

(7)防撞栏杆的预埋钢套管的数量已综合在定额中,使用定额时,不得另行计算。

(8)防撞立柱的预埋钢套管及立柱填充水泥混凝土、立柱与预埋钢套管之间灌填水泥砂浆的数量,均已综合在定额中,使用定额时,不得另行计算。

(9)设备基础混凝土定额中综合了预埋钢筋、地脚螺母、底座法兰盘等的数量,使用定额时,不得另行计算。

(10)安装电缆走线架定额中,不包括通过沉降(伸缩)缝和要做特殊处理的内容,需要时按有关定额另行计算。

(11)双绞线缆的敷设及跳线架和配线架的安装、打接定额消耗量是按五类非屏蔽布线系统编制的,高于五类的布线工程按定额人工工日消耗量增加10%、屏蔽系统增加20%计取。

（12）通信管道定额中不包括管道过桥时的托架和管箱等工程内容，应按相关定额另行计算。

（13）硅芯管敷设定额已综合标石的制作及埋放、入孔处的包封等，使用定额时，不得另行计算。

（14）镀锌钢管敷设定额中已综合接口处套管的切割、焊接、防锈处理等内容，使用定额时，不得另行计算。

（15）管道敷设和管道包封的工程量均按管道长度计算。

（16）通风机预埋件按设计所示为完成通风机安装而需预埋的一切金属构件的质量计算工程数量，包括钢拱架、通风机拱部钢筋、通风机支座及各部分连接件等。

（17）洞内预埋件工程量按设计预埋件的敷设长度计算，定额中已综合了预留导线的数量。

（18）干式变压器带有保护外罩时，人工工日和机械台班乘以系数 1.2。

（19）组合型成套箱式变电站主要指 10 kV 以下的箱式变电站，一般布置形式为变压器在箱的中间，箱的一端为高压开关位置，另一端为低压开关位置。

（20）控制设备安装未包括支架的制作和安装，需要时可按相关定额另行计算。

（21）3~10 kV 母线系统调试含一组电压互感器，1 kV 以下母线系统调试定额不含电压互感器，适用于低压配电装置的各种母线（包括软母线）的调试。

（22）普通吸顶灯、LED（发光二极管）灯、高压钠灯、标志灯成套灯具安装是按灯具出厂时达到安装条件编制的，其他成套灯具安装所需配线，定额中均已包括。

（23）25 m 以上高杆灯安装，未包括杆内电缆敷设。

（24）各种灯柱穿线均套相应的配管配线定额。

三、实训范例

【范例】某高速公路隔离栅工程，已知设计为钢隔离栅型钢立柱上挂刺铁丝形式，总长（两侧）42 km、高 2.0 m，共用刺铁丝 342.2 km，刺铁丝单位质量为 0.15 kg/m，钢隔离栅型钢立柱总质量为 12 t。试确定该隔离栅的预算定额，并计算总工日和总基价金额。

解析：

根据《预算定额》第五章第一节说明 3（3）的规定，刺铁丝网按铁丝总质量计。该项目的预算定额可由《预算定额》中的定额表[938-5-1-3-4+6]确定，所需总工日和总基价计算如下。

刺铁丝总质量：$342.2 \times 1\,000 \times 0.15/1\,000=51.33$ t

总工日：$17 \times 12+65 \times 51.33=3\,540.45$ 工日

总基价：$7\,464 \times 12+12\,147 \times 51.33=713\,074$ 元

四、上交资料

每人上交实训报告一份。

实训报告

日期：　　　　班级：　　　　组别：　　　　姓名：　　　　学号：

实训任务	交通工程及沿线设施预算定额运用	成绩	
实训目的	通过此次实训，使学生熟悉交通工程及沿线设施预算定额的内容、章节说明及运用要点；掌握交通工程及沿线设施预算定额运用的基本方法和要求。		
实训内容	为确保某路段安全，在沿线挡土墙上设置柱式护栏，共30根，路肩上共设20根，试求工、料、机消耗量。		
实训总结			

实训六　绿化及环境保护工程预算定额运用

一、实训目的与要求

（1）明确绿化及环境保护工程预算定额的内容。

（2）熟悉绿化及环境保护工程预算定额的章节说明及运用要点。

（3）掌握绿化及环境保护工程预算定额运用的基本方法和要求。

（4）会运用绿化及环境保护工程预算定额。

二、实训要点及注意事项

（1）绿化工程栽植子目中均已综合了挖树穴、底肥、1 次浇水费用。

（2）环境保护工程隔声、吸音板材可依据设计进行调整。

（3）栽植子目中已包含死苗补植，使用定额时不得更改。盆栽植物均按脱盆的规格套用相应的定额子目。

（4）苗木及地被植物的场内运输已在定额中综合考虑，使用定额时不得另行增加。

（5）栽植子目中均已综合了挖树穴工程量，底肥费用计入其他材料费中，浇水按 1 次计算，其余内容按相应定额计算，但不得重复计算。栽植子目按土可用的情况进行编制；若需要换土，则按有关子目进行计算。

（6）当编制中央分隔带部分的绿化工程预算时，若中央分隔带内的填土没有计入该项工程预算，其填土可按路基土方有关定额子目计算，但应扣减树穴所占的体积。

（7）为了确保路基边坡的稳定而修建的各种形式的网格植草或播种草籽等护坡，应并入防护工程内计算。

（8）测量放样均指在场地平整好，达到设计要求后进行的，场地平整费用另按场地平整定额子目计算。

（9）立柱安装定额中，预埋件、H 型钢立柱等均按成品镀锌构件编制，使用定额时，刷防腐油漆等工序不得另行计算。

（10）板材是按定额表中所给出的结构形式及尺寸来编制的；若板材各单元的组合或尺寸有变，可根据设计按实际进行调整。

三、实训范例

【范例】某公路边坡绿化工程，进行灌木栽植，采用直径为 35 cm 的带土球灌木 3 400 株。试计算该绿化工程所需的工、料、机数量。

解析：

查《预算定额》中的定额表[1106-6-1-2-4]，每 100 株带土球灌木定额值如下。

人工：2.4 工日；水：24 m^3；灌木：105 株；4 000 L 以内洒水汽车：0.02 台班。

本题中 3 400 株直径为 35 cm 的带土球灌木所需工、料、机数量如下。

人工：$2.4\times3\ 400/100=81.6$ 工日

水：$24\times3\ 400/100=816\ m^3$

灌木：$105\times3\ 400/100=3\ 570$ 株

4 000 L 以内洒水汽车：$0.02\times3\ 400/100=0.68$ 台班

四、上交资料

每人上交实训报告一份。

实训报告

日期：　　　　班级：　　　　组别：　　　　姓名：　　　　学号：

实训任务	绿化及环境保护工程预算定额运用	成绩	
实训目的	通过此次实训，使学生明确绿化及环境保护工程预算定额的内容；熟悉绿化及环境保护工程预算定额的章节说明及运用要点；熟练运用绿化及环境保护工程预算定额。		
实训内容	某公路工程的环境保护工程需设置声屏障，采用混凝土基础 320 m^3，安装型钢立柱 20 t。试计算该环境保护工程所需的工、料、机数量。		
实训总结			

实训七　临时工程预算定额运用

一、实训目的与要求

(1)明确临时工程预算定额的内容。

(2)熟悉临时工程预算定额的章节说明及运用要点。

(3)掌握临时工程预算定额运用的基本方法和要求。

(4)会运用临时工程预算定额。

二、实训要点及注意事项

(1)本定额包括汽车便道、临时便桥、临时码头、轨道铺设、架设输电线路、人工夯打小圆木桩,共六个项目。

(2)汽车便道按路基宽度为 7.0 m 和 4.5 m 分别编制,便道路面宽度按 6.0 m 和 3.5 m 分别编制,路基宽度 4.5 m 的定额中已包括错车道的设置。汽车便道如使用期内需要养护的,按相应定额另行计算。

(3)临时汽车便桥按桥面净宽 4 m、单孔跨径 21 m 编制;钢栈桥按上、下部编制。

(4)重力式砌石码头定额中不包括拆除的工程内容,需要时可按桥涵工程项目的“拆除旧建筑物”定额另行计算。

(5)轨道铺设定额中轻轨(11 kg/m, 15 kg/m)部分未考虑道渣,轨距为 75 cm,枕距为 80 cm,枕长为 1.2 m;重轨(32 kg/m)部分轨距为 1.435 m,枕距为 80 cm,枕长为 2.5 m,岔枕长为 3.35 m,并考虑了道渣铺筑。

(6)人工夯打小圆木桩的土质划分及桩入土深度的计算方法与打桩工程相同。圆木桩的体积,根据设计桩长和梢径(小头直径)按木材材积表计算。

(7)本定额中便桥、输电线路的木料、电线的材料消耗均按一次使用量计列,编制预算时应按规定计算回收;其他各项定额分不同情况,按其周转次数摊入材料数量。

三、实训范例

【范例】某汽车便道工程,位于平原微丘区,路基宽 7 m,天然砂砾路面压实厚度为 15 cm,路面宽 6 m,使用期为 32 个月,便道长 4.6 km,需要养护,试计算该便道工程的预算定额值及养护所需的工、料、机数量。

解析:

(1)查《预算定额》中的定额表[1128-7-1-1-1],每千米汽车便道路基的定额值如下。

人工：24.6 工日；75 kW 以内履带式推土机：8.99 台班；6~8 t 光轮压路机：0.8 台班；8~10 t 光轮压路机：0.5 台班；12~15 t 光轮压路机：2.12 台班。

（2）查《预算定额》中的定额表[1128-7-1-1-5]，每千米天然砂砾路面定额值如下。

人工：149.4 工日。

材料：天然级配，1 193.40 m^3；水，112 m^3。

机械：8~10 t 光轮压路机，1.15 台班；12~15 t 光轮压路机，2.47 台班；0.6 t 以内手扶式振动碾，4.19 台班。

（3）汽车便道养护：由《预算定额》中的定额表[1129-7-1-1-7]，每月每千米养护增加定额值如下。

人工：2.0 工日。

天然级配：18 m^3。

6~8 t 光轮压路机：1.872 台班。

根据便道长度及使用期，养护所需工、料、机总量如下。

人工：$2.0 \times 4.6 \times 32=294.4$ 工日

天然级配：$18 \times 4.6 \times 32=2\,649.6$ m^3

6~8 t 光轮压路机：$1.872 \times 4.6 \times 32=275.56$ 台班

四、上交资料

每人上交实训报告一份。

实训报告

日期：　　　　班级：　　　　组别：　　　　姓名：　　　　学号：

实训任务	临时工程预算定额运用	成绩	
实训目的	通过此次实训,使学生明确临时工程预算定额的内容;熟悉临时工程预算定额的章节说明及运用要点;熟练运用临时工程预算定额。		
实训内容	某汽车便道工程,位于山岭重丘区,路基宽 4.5 m,天然砂砾路面压实厚度为 15 cm,路面宽 3.5 m,使用期为 26 个月,便道长 3.9 km,需要养护,试计算该便道工程的预算定额值及养护所需的工、料、机数量。		
实训总结			

实训八　材料采集及加工预算定额运用

一、实训目的与要求

（1）明确材料采集及加工预算定额的内容。

（2）熟悉材料采集及加工预算定额的章节说明及运用要点。

（3）掌握材料采集及加工预算定额运用的基本方法和要求。

（4）会运用材料采集及加工预算定额。

二、实训要点及注意事项

（1）本定额包括人工种植及采集草皮，土、黏土采筛，采筛洗砂及机制砂，采砂砾、碎（砾）石土、砾石、卵石、片石、块石，料石、盖板石开采，机械轧碎石，采筛路面用石屑、煤渣、矿渣，人工洗碎（砾、卵）石，堆、码方，碎石破碎设备安、拆等项目。

（2）机制砂、机轧碎石用到的片石均按捡清片石计算。

（3）材料采集及加工定额已包括采、筛、洗、堆及加工等操作损耗。

（4）采砂砾、碎（砾）石土、砾石、卵石时，如需备水洗石，每 1 m^3 石料用水量按 0.3 m^3 计算，运水工另行计算。

（5）料石、盖板石开采如需爆破者，按开采块石所需材料计列。

（6）人工洗碎（砾、卵）石如需备水，每 1 m^3 碎（砾、卵）石用水量按 0.3 m^3 计算，运水工另行计算。

三、实训范例

【范例】试确定人工采、筛、洗、堆砂联合作业，工程数量为 200 m^3 堆方的预算定额（成品率按 60%计）。

解析：

根据《预算定额》中的定额表[1141-8-1-3-5+7]确定每 100 m^3 堆方定额值。

人工：（21.5+30.3）×（200/100）=103.6 工日

定额基价：（2 285+3 220）×（200/100）=11 010 元

四、上交资料

每人上交实训报告一份。

实训报告

日期： 班级： 组别： 姓名： 学号：

实训任务	材料采集及加工预算定额运用	成绩	
实训目的	通过此次实训，使学生明确材料采集及加工预算定额的内容；掌握材料采集及加工预算定额的章节说明及运用要点；熟练运用材料采集及加工预算定额。		
实训内容	某浆砌块石桥墩，需用大量块石，在采石场机械开采块石，试确定其工、料、机及基价的预算定额值。（提示：注意定额表左上角工程内容中的块石开采及块石捡清内容）		
实训总结			

实训九　材料运输预算定额运用

一、实训目的与要求

（1）熟悉材料运输预算定额的内容。

（2）掌握材料运输预算定额的章节说明及运用要点。

（3）掌握材料运输预算定额运用的基本方法和要求。

二、实训要点及注意事项

（1）汽车运输定额中已综合考虑路基不平，土路松软、泥泞，急弯、陡坡等因素增加的消耗。

（2）载货汽车运输、自卸汽车运输和洒水汽车运水定额项目，仅适用于平均运距在15 km以内的运输；当运距超过第一个定额运距单位时，其运距尾数不足一个增运定额单位的半数时不计，等于或超过半数时按一个增运定额运距单位计算。当平均运距超过15 km时，应按市场运价计算其运输费用。

（3）人力装卸船舶可按手推车运输相应项目定额计算。

（4）所有材料的运输及装卸定额中，均未包括堆、码方工日。

（5）本定额中未列名称的材料，可按下列规定执行，其中不是以质量计量的应按单位质量进行换算。

①与碎石运输定额相同的材料有天然级配、石渣、风化石。

②定额中未列的其他材料，一律按水泥运输定额计算。

三、实训范例

【范例】试列出下列题目的材料运输预算定额。

（1）1 t以内机动翻斗车运输生石灰280 t，运距12 km。

（2）2 m^3以内轮式装载机装块石460 m^3。

解析：

（1）机动翻斗车运输生石灰，由《预算定额》中的定额表[1170-9-1-3-15+16]得

1 t以内机动翻斗车：[2.78+0.24×（12 000−100）/100]×280/100=87.75台班

（2）2 m^3以内轮式装载机装块石，由《预算定额》中的定额表[1207-9-1-10-8]得

2 m^3以内轮式装载机：0.22×460/100=1.01台班

四、上交资料

每人上交实训报告一份。

实训报告

日期：　　　　班级：　　　　组别：　　　　姓名：　　　　学号：

实训任务	材料运输预算定额运用	成绩	
实训目的	通过此次实训，使学生能熟悉材料运输预算定额的内容；掌握材料运输预算定额的章节说明及运用要点；能正确运用材料运输预算定额。		
实训内容	已知： （1）2 m^3 以内轮式装载机装 10 t 以内自卸汽车运输土方，运距为 8 km。 （2）10 t 以内自卸汽车配 2 m^3 以内轮式装载机运输路基土方，运距为 8 km。 （3）手扶拖拉机运煤渣 290 m^3，运距为 800 m。 试列出以上题目的材料运输预算定额，并指出（1）题与（2）题两种定额的使用区别。		
实训总结			

实训十　基本定额、材料周转及摊销预算定额运用

一、实训目的与要求

（1）明确基本定额、材料周转及摊销预算定额的内容。

（2）熟悉基本定额、材料周转及摊销预算定额的用途。

（3）掌握基本定额、材料周转及摊销预算定额运用的基本方法和要求。

（4）会运用基本定额、材料周转及摊销预算定额。

二、实训要点及注意事项

（1）《预算定额》附录二中基本定额的主要用途是进行定额抽换和分析分项工程或半成品所需人工、材料、机械等消耗量。

（2）当设计中所规定的工程内容与预算定额中所规定的工作内容、子目或与预算定额表中某序号所列的规格不相符时，则可查用基本定额予以替换。

（3）定额中周转性的材料、模板、支撑、脚手杆、脚手板和挡土板等的数量，已考虑了材料的正常周转次数并计入定额内。其中，就地浇筑钢筋混凝土梁用的支架及拱圈用的拱盔、支架，如确因施工安排达不到规定的周转次数，可根据具体情况进行换算并按规定计算回收，其余工程一般不予抽换。

（4）定额中列有的混凝土、砂浆的强度等级和用量，其材料用量已按《预算定额》附录二中配合比表规定的数量列入定额，不得重算。当设计采用的混凝土、砂浆强度等级或水泥强度等级与定额所列强度等级不同时，可按配合比表进行换算。但实际施工配合比材料用量与定额配合比表用量不同时，除配合比表说明中允许换算者外，均不得调整。混凝土、砂浆配合比表的水泥用量，已综合考虑了采用不同品种水泥的因素，实际施工中不论采用何种水泥，均不得调整定额用量。

（5）定额中各项目的施工机械种类、规格是按一般合理的施工组织确定的，当施工中实际采用机械的种类、规格与定额规定的不同时，一律不得换算。

（6）材料的周转及摊销：《预算定额》附录三中编有“材料的周转及摊销”定额，它的主要用途是规定了各种周转性材料的周转、摊销次数和对达不到规定周转次数的材料定额进行抽换。

（7）按本“实训要点及注意事项”中第（3）条的规定，对于达不到规定周转次数的材料周转定额，可按下式进行换算：

$$E' = E \cdot K \qquad (1\text{-}10\text{-}1)$$

$$K = \frac{n}{n'}$$

式中：E'——实际周转次数的周转性材料定额；

E——定额规定的周转性材料定额；

K——换算系数；

n——定额规定的材料周转次数；

n'——实际的材料周转次数。

三、实训范例

【范例一】某桥梁浆砌块石轻型墩台，采用 M12.5 砂浆进行砌筑及勾缝，试确定该项目的预算定额。

解析：

浆砌块石轻型墩台，由《预算定额》中的定额表[631-4-5-3-5]得

人工：9.6 工日

材料：

（1）根据《预算定额》第四章第五节说明 1 规定，M7.5 水泥砂浆为砌筑用砂浆；M10 水泥砂浆为勾缝用砂浆。由设计知，M12.5 水泥砂浆同时用于砌筑和勾缝，根据《预算定额》总说明九的规定应进行抽换。

（2）由《预算定额》第 1 213 页附录二“基本定额”[1213-(一)-1-4]查得，每配置 1 m^3 M12.5 砂浆需 32.5 级水泥 345 kg、中（粗）砂 1.07 m^3。

（3）由《预算定额》中的定额表[631-4-5-3-5]可知，每砌筑 10 m^3 块石需砌筑砂浆 2.7 m^3 和勾缝砂浆 0.10 m^3，则抽换后的材料消耗计算如下。

32.5 级水泥：$345 \times 2.7+345 \times 0.1=966$ kg=0.966 t

中（粗）砂：$1.07 \times 2.7+1.07 \times 0.1 \approx 3$ m^3

（4）由表[631-4-5-3-5]查得其他材料定额为：原木，0.02 m^3；锯材，0.04 m^3；钢管，0.006 t；铁钉，0.2 kg；8~12 号铁丝，2.2 kg；水，10 m^3；块石，10.5 m^3；其他材料费，4.1 元。

机械：1.0 m^3 以内轮胎式装载机 0.1 台班；400 L 以内灰浆搅拌机 0.12 台班。

【范例二】某高速公路 2 孔石砌拱桥，墩台高度为 10 m，需制备满堂式木支架，支架有效宽度为 8.5 m，试确定其实际周转 2 次的周转性材料预算定额。

解析：

（1）桥梁木支架，应查《预算定额》中的定额表[838-4-9-3-2]。

（2）查定额，每 10 m^2 立面积的定额值：原木，0.69 m^3；锯材，0.07 m^3；铁件，10.0 kg；铁钉，0.1 kg。

（3）由《预算定额》第 1231 页附录三定额表查得，支架的定额规定的周转次数 n 为：原木、锯材，5 次；铁件，5 次；铁钉，4 次。

（4）实际的材料周转次数 $n'=2$，实际周转次数的周转性材料定额 $E'=E \cdot K$（其

中：$K = n / n'$）。

原木：$E' = 0.69 \times 5 \div 2 = 1.725\ \text{m}^3$

锯材：$E' = 0.07 \times 5 \div 2 = 0.175\ \text{m}^3$

铁件：$E' = 10.0 \times 5 \div 2 = 25\ \text{kg}$

铁钉：$E' = 0.1 \times 4 \div 2 = 0.2\ \text{kg}$

四、上交资料

每人上交实训报告一份。

实训报告(1)

日期： 班级： 组别： 姓名： 学号：

实训任务	基本定额、材料周转及摊销预算定额运用(一)	成绩	
实训目的	通过此次实训，使学生熟悉基本定额、材料周转及摊销预算定额的内容；掌握基本定额、材料周转及摊销预算定额运用的基本方法和要求；会运用基本定额、材料周转及摊销预算定额。		
实训内容	某桥梁实体式墩台基础，混凝土工程，梁板式上部构造，设计采用C20水泥混凝土，试求水泥、中砂、碎石定额用量。(提示：着重考虑混凝土的定额抽换)		
实训总结			

实训报告(2)

日期：　　　　　　班级：　　　　　　组别：　　　　　　姓名：　　　　　　学号：

实训任务	基本定额、材料周转及摊销预算定额运用(二)	成绩	
实训目的	通过此次实训,使学生熟悉基本定额、材料周转及摊销预算定额的内容;掌握基本定额、材料周转及摊销预算定额运用的基本方法和要求;会运用基本定额、材料周转及摊销预算定额。		
实训内容	某二级路上的双曲拱桥,跨径 18 m,桁构式木拱盔,试确定周转 3 次的周转性材料的预算定额。(提示:运用周转性材料的公式进行计算)		
实训总结			

实训报告(3)

日期：　　　　班级：　　　　组别：　　　　姓名：　　　　学号：

实训任务	预算定额的综合运用	成绩	
实训目的	通过此次实训，使学生熟悉预算定额的全部内容；掌握预算定额各分项定额运用的基本方法和要求；能综合运用预算定额。		
实训内容	某一级公路，路面宽 22.5 m，长 67 km，采用 12 m^3 以内自行式铲运机铲运土方 98 000 m^3，Ⅲ类土；路面采用石灰土碎石基层 11 cm，配比为 6∶14∶80，拌和机拌和；面层为钢纤维混凝土路面，轨道式摊铺机铺筑厚度 15 cm，6 t 以内自卸汽车运输混凝土 4 km；预制、铺筑六边形混凝土边沟 95 m^3，沟底铺 5 cm 砂砾垫层，人工摊铺面积 85 m^2；设现浇混凝土挡土墙 50 m^3，钢筋 2 t。试应用预算定额确定工、料、机消耗量。（提示：交叉应用《预算定额》上、下册，每个细目逐一完成）		
实训总结			

实训十一　路基工程概算定额运用

一、实训目的与要求

(1)熟悉路基工程概算定额的内容。

(2)掌握路基工程概算定额的章节说明及运用要点。

(3)掌握路基工程概算定额运用的基本方法和要求。

二、实训要点及注意事项

(1)路基土石方开挖定额中,已包括开挖边沟消耗的工、料和机械台班数量,因此开挖边沟的数量应合并在路基土石方数量内计算。

(2)路基土石方机械施工定额中,已根据一般路基施工情况,综合了一定比例的因机械达不到而由人工施工的因素,使用定额时,机械施工路段的工程量应全部采用机械施工定额。

(3)各种开炸石方定额中,均已包括清理边坡工作。

(4)抛坍爆破定额中,已根据一般地面横坡的变化情况,进行了适当的综合,其工程量按抛坍爆破设计计算。抛坍爆破的石方清运及增运定额,系按设计数量乘以(1-抛坍率)编制。

(5)自卸汽车运输路基土、石方定额项目,仅适用于平均运距在 15 km 以内的土、石方运输,当平均运距超过 15 km 时,应按市场价格计算。当运距超过第一个定额运距单位时,其运距尾数不足一个增运定额单位的半数时不计,等于或超过半数时按一个增运定额运距单位计算。

(6)路基零星工程定额已综合了整修路拱、整修路基边坡、挖土质台阶、挖土质截(排)水沟(不进行加固)、填前压实以及其他零星回填土方等工程,使用定额时,不得因具体工程的含量不同而调整定额。

(7)袋装砂井及塑料排水板处理软土地基,工程量为设计深度,定额材料消耗中已包括砂袋或塑料排水板的预留长度。

(8)水泥搅拌桩和高压旋喷桩处理软土地基定额的工程量为设计桩长。

(9)土工布的铺设面积为锚固沟外边缘所包围的面积,包括锚固沟的底面积和侧面积。定额中不包括排水内容,需要时另行计算。

(10)强夯定额适用于处理松、软的碎石土、砂土、低饱和度的粉土与黏性土、湿陷性黄土、杂填土和素填土等地基。定额中已综合考虑夯坑的排水费用,使用定额时不得另行增加费用。每 100 m^2 夯击点数和击数应根据地基土的性质由设计确定。

（11）砌筑工程的工程量为砌体的实际体积，包括构成砌体的砂浆体积。

（12）预制混凝土构件的工程量为预制构件的实际体积，不包括预制构件中空心部分的体积。

（13）．挖截水沟、排水沟的工程量为设计水沟断面积乘以水沟长度与水沟圬工体积之和。

（14）路基盲沟、中央分隔带盲沟（横向、纵向）的工程量按设计的工程内容计算。

（15）轻型井点降水定额按 50 根井管为一套，不足 50 根的按一套计算。井点使用天数按日历天数计算，使用时按施工组织设计确定。

（16）植草护坡定额中均已考虑黏结剂、保水剂、营养土、肥料、覆盖薄膜等的费用，使用定额时不得另行计算。

（17）防护工程工程量计算规则如下。

①铺草皮工程量按所铺边坡的坡面面积计算。

②以 10 m^3 为计量单位的子目工程量为设计的实体体积。

③木笼、竹笼、铁丝笼填石护坡的工程量按填石体积计算。

④砌筑工程的工程量为砌体的实际体积，包括构成砌体的砂浆体积。

⑤预制混凝土构件的工程量为预制构件的实际体积，不包括预制构件中空心部分的体积。

⑥预应力锚索的工程量含工作长度的质量。

⑦加筋土挡土墙及现浇锚定板式挡土墙的工程量为墙体混凝土的体积。加筋土挡土墙墙体混凝土体积为混凝土面板、基础垫板及檐板的体积之和。现浇锚定板式挡土墙墙体混凝土体积为墙体现浇混凝土的体积，定额中已综合了锚定板的数量，使用定额时不得将锚定板的数量计入工程量内。

⑧抗滑桩挖孔工程量按护壁外缘所包围的面积乘设计孔深计算。

三、实训范例

【范例】某二级公路，人工挖运土方，Ⅱ类土，运距 180 m，下山坡度为 6%，配合手扶拖拉机运输，求人工消耗。

解析：

（1）确定《概算定额》表号为[5-1-1-2-2+4]。

（2）确定运距。

①根据定额表附注 2 可知，当采用人工挖、装、卸，手扶拖拉机运输时，其挖、装、卸所需的人工按第一个 40 m 挖运定额减去 18 工日计算。

②根据定额表附注 3 可知，如遇升降坡时，除按水平距离计算运距外，降坡 6%，高度每降 1 m，水平距离增加 5 m。

降低的高度：180 × 6%=10.8 m

总运距：180+(10.8 × 5)=234 m

(3)人工：157.3-18+5.9 × (234-40)/10=253.76 工日

注：工程中所说的运距是指测量所得的水平距离，并不包括由坡度而增加的运距，因此在运输距离的计算中要尤其重视坡度问题。

四、上交资料

每人上交实训报告一份。

实训报告

日期： 班级： 组别： 姓名： 学号：

实训任务	路基工程概算定额运用	成绩	
实训目的	通过此次实训，使学生熟悉路基工程概算定额的全部内容和章节说明及运用要点，并掌握路基工程概算定额运用的基本方法和要求。		
实训内容	某一级公路路基工程，全长 80 km，按设计断面计算的填缺为 178 660 000 m^3，远运利用方 95 000 m^3，平均填土高度为 7 m，宽填厚度 0.25 m，路基平均占地宽 40 m，路基占地及取土坑均为耕地，土质为Ⅱ类土。采用 1 m^3 以内单斗挖掘机装土方，平均挖深 2.2 m，填前以 12 t 压路机压实耕地。试问：填前压实增加土方量为多少？路基宽填增加土方量为多少？计价土方量（压实方）总计为多少？挖掘机挖装借方作业的工、料、机消耗量为多少？		
实训总结			

实训十二　路面工程概算定额运用

一、实训目的与要求

（1）明确路面工程概算定额的内容。

（2）分析路面工程概算定额的章节说明及运用要点。

（3）掌握路面工程概算定额运用的基本方法和要求。

（4）会查用路面工程概算定额。

二、实训要点及注意事项

（1）各种类型路面以及路槽、路肩、垫层、基层等，除沥青混合料路面、厂拌基层稳定土混合料运输、自卸汽车运输碾压水泥混凝土以 1 000 m^3 路面实体为计算单位外，其他均以 1 000 m^2 为计算单位。路面定额中的厚度均为压实厚度。

（2）自卸汽车运输稳定土混合料、沥青混合料和水泥混凝土定额，仅适用于平均运距在 15 km 以内的混合料运输，当平均运距超过 15 km 时，应按市场运价计算。当运距超过第一个定额运距单位时，其运距尾数不足一个增运定额单位的半数时不计，等于或超过半数时按一个增运定额运距单位计算。

（3）各类垫层的压实厚度在 15 cm 以内，填隙碎石一层的压实厚度在 12 cm 以内，各类稳定土基层和底基层压实厚度在 20 cm 以内，拖拉机、平地机、摊铺机和压路机的台班消耗按定额数量计算。当超过上述压实厚度进行分层拌和、碾压时，拖拉机、平地机、摊铺机和压路机的台班消耗按定额数量加倍计算，每 1 000 m^2 增加 1.5 个工日。

（4）人工沿路翻拌和筛拌稳定土混合料定额中均已包括土的过筛工消耗，因此，土的预算价格中不应再计算过筛费用。

（5）路面基层及垫层定额中土的预算价格，按材料采集及加工和材料运输定额中的有关项目计算。

（6）各类稳定土基层定额中的碎石土、砂砾土系指天然碎石土和天然砂砾土。

（7）各类稳定土底基层采用稳定土基层定额时，每 1 000 m^2 路面减少 12~15 t 光轮压路机 0.18 台班。

（8）泥结碎石、级配碎石、级配砾石、天然砂砾、粒料改善土壤路面面层的压实厚度在 20 cm 以内，拖拉机、平地机和压路机的台班消耗按定额数量计算。当超过上述压实厚度进行分层拌和、碾压时，拖拉机、平地机、摊铺机和压路机的台班消耗按定额数量加倍计算，每 1 000 m^2 增加 1.5 个工日。

(9)泥结碎石及级配碎石、级配砾石面层定额中,均未包括磨耗层和保护层,需要时应按磨耗层和保护层定额另行计算。

(10)沥青碎石混合料、沥青混凝土和沥青碎石玛琋脂混合料路面定额中均已包括混合料拌和、运输、摊铺作业时的损耗因素,路面实体按路面设计面积乘以压实厚度计算。

(11)沥青表面处治路面、沥青贯入式路面和沥青上拌下贯式路面的下贯层以及透层、黏层、封层定额中已计入热化、熬制沥青用的锅、灶等设备的费用,使用定额时不得另行计算。

(12)沥青路面定额中均未包括透层、黏层和封层,需要时可按有关定额另行计算。

(13)沥青路面定额中的乳化沥青和改性沥青均按外购成品料进行编制,如在现场自行配制,其配制费用计入材料预算价格中。

(14)当沥青玛琋脂碎石混合料设计采用的纤维稳定剂的掺加比例与定额不同时,可按设计用量调整定额中纤维稳定剂的消耗。

(15)沥青路面定额中,均未考虑为保证石料与沥青的黏附性而采用的抗剥离措施的费用,需要时应根据石料的性质,按设计提出的抗剥离措施计算其费用。

(16)在冬五区、冬六区采用层铺法施工沥青路面时,其沥青用量可按定额用量乘以下列系数:沥青表面处治, 1.05;沥青贯入式基层或联结层, 1.02;面层, 1.028;沥青上拌下贯式下贯部分,1.043。

(17)过水路面定额系按双车道路面宽 7.5 m 进行编制的,当设计为单车道时,定额应乘以 0.8 的系数。当设计为混合式过水路面时,其中的涵洞可按涵洞工程相关定额计算,过水路面的工程量不扣除涵洞的宽度。

(18)整修和挖除旧路面按设计提出的需要整修的旧路面面积和需要挖除的旧路面体积计算。

(19)整修旧路面定额中,砂石路面均按整修厚度 6.5 cm 计算,沥青表处面层按整修厚度 2 cm 计算,沥青混凝土面层按整修厚度 4 cm 计算,路面基层的整修厚度均按 6.5 cm 计算。

(20)硬路肩工程项目,根据其不同设计层次结构,分别采用不同的路面定额项目进行计算。

(21)铺砌水泥混凝土预制块人行道、路缘石、沥青路面镶边和土硬路肩加固定额中,均已包括水泥混凝土预制块的预制,使用定额时不得另行计算。

三、实训范例

【范例】某水泥石灰砂砾稳定土路面基层工程,采用路拌法,拖拉机带铧犁拌和施工,定额标明的配比为 5∶5∶90,设计配比为 4.5∶6.5∶89,设计厚度为 18 cm,试确定水泥、石灰、砂砾的概算定额值。

解析：

根据《概算定额》第 143 页第二章第一节说明 2 的规定，并查定额表[176-2-1-6（Ⅱ）-13+14]，计算相关材料的概算定额值。

水泥：$[20.983+1.049\times(18-20)]\times4.5/5=17.00$ t

石灰：$[22.629+1.131\times(18-20)]\times6.5/5=26.48$ t

砂砾：$[241.62+12.08\times(18-20)]\times89/90=215.04$ m^3

注：在运用定额的过程中，经常会遇到设计文件中所要求的内容、规格与定额表中不相符的情况，在定额说明允许的情况下，可查用相应定额或基本定额予以替换。

四、上交资料

每人上交实训报告一份。

实训报告

日期：　　班级：　　组别：　　姓名：　　学号：

实训任务	路面工程概算定额运用	成绩	
实训目的	通过此次实训，使学生明确路面工程概算定额的内容，熟悉路面工程概算定额的说明及运用要点，掌握运用概算定额的基本方法和要求。		
实训内容	某路面工程，石灰土砂砾基层，厂拌法拌和，设计配比为 5 : 12 : 83，设计厚度 26 cm，试确定石灰、土、砂砾的概算定额值。（提示：混合料配合比抽换时，只需换算设计比例发生变化的材料，与定额比例相同的材料不需另行抽换）		
实训总结			

实训十三　隧道工程概算定额运用

一、实训目的与要求

(1)明确隧道工程概算定额的内容。

(2)分析隧道工程概算定额的章节说明及运用要点。

(3)掌握隧道工程概算定额运用的基本方法和要求。

(4)会查用隧道工程概算定额。

二、实训要点及注意事项

(1)洞内出渣运输定额已综合洞门外500 m运距。当洞门外运距超过此运距时,可按照路基工程自卸汽车运输土石方的增运定额加计增运部分的费用。

(2)隧道工程定额未包括混凝土及预制块的运输,需要时应按有关定额另行计算。

(3)洞内工程项目如需采用其他章节的有关定额,所采用定额的人工工日、机械台班数量及小型机具使用费应乘以系数1.26。

(4)本定额所指隧道长度均指隧道进出口(含与隧道相连的明洞)洞门端墙墙面之间的距离,即两端端墙面与路面的交线同路线中线交点间的距离。双线隧道按上、下行隧道长度的平均值计算。

(5)洞身开挖工程量按设计断面数量(成洞断面加衬砌断面)计算,包含洞身及所有附属洞室的数量,定额中已考虑超挖因素,不得将超挖数量计入工程量。

(6)现浇混凝土衬砌中浇筑运输的工程数量均按设计断面衬砌数量计算,包含洞身及所有附属洞室的衬砌数量。定额中已综合因超挖及预留变形需回填的混凝土数量,不得将上述因素的工程量计入计价工程量中。

(7)防水板、明洞防水层的工程数量按设计敷设面积计算。

(8)止水带(条)、盲沟、透水管的工程数量,均按设计数量计算。

(9)拱顶压浆的工程数量按设计数量计算,设计时可按每延长米0.25 m^3综合考虑。

(10)喷射混凝土的工程量按设计厚度乘以喷射面积计算,喷射面积按设计外轮廓线计算。

(11)砂浆锚杆工程量为锚杆、垫板及螺母等材料质量之和;中空注浆锚杆、自进式锚杆的工程项按锚杆设计长度计算。

(12)格栅钢架、型钢钢架工程数量按钢架的设计质量计算;连接钢筋单独计算。

(13)管棚、小导管的工程量按设计钢管长度计算,当管径与定额不同时,可调整定额中钢管的消耗量。

（14）横向塑料排水管按铺设长度计算；纵向弹簧管按隧道纵向每侧铺设长度之和计算；环向盲沟按隧道横断面敷设长度计算。

（15）斜井、竖井项目定额中已综合了出渣、通风及管线路。

（16）斜井相关定额项目系按斜井长度 1 500 m 以内综合编制。

（17）斜井支护按正洞相关定额计算。

（18）工程量计算规则：

①开挖工程量按设计断面数量（成洞断面加衬砌断面）计算，定额中已考虑超挖因素，不得将超挖数量计入工程量；

②现浇混凝土衬砌工程数量均按设计断面衬砌数量计算；

③喷射混凝土工程量按设计厚度乘以喷射面积计算，喷射面积按设计外轮廓线计算；

④锚杆工程量为锚杆、垫板及螺母等材料质量之和。

（19）格栅钢架和型钢钢架均按永久性支护编制，如作为临时支护使用，应按规定计取回收。

（20）喷射混凝土定额分气密性混凝土和钢纤维混凝土，定额中已综合考虑混凝土的回弹量。气密性混凝土考虑了气密性费用，气密剂掺量按水泥用量的 7%掺入；钢纤维混凝土中钢纤维掺入量按喷射混凝土质量的 3%掺入。当设计采用的气密剂、钢纤维掺入量与本定额不同或采用其他材料时，可进行抽换。

三、实训范例

【范例】某隧道工程，围岩为Ⅳ级，隧道长 6 000 m，采用机械开挖、自卸汽车运输施工，洞内路面需做砂砾垫层，厚度 15 cm，人工铺料。试确定开挖隧道的人工、硝铵炸药、机械台班及洞内路面垫层的工、料、机的定额用量。

解析：

（1）隧道正洞开挖。根据《概算定额》第 257 页第三章说明 9（2）的规定，隧道洞内工程项目如采用其他章节的有关项目，所采用的定额的人工工日、机械台班数量及小型机具使用费应乘以系数 1.26。查定额表[269-3-1-3-28+34]，计算如下。

人工：（44.7+1.9）× 1.26=58.72 工日

硝铵炸药：77 kg

1.0 m^3 以内履带式液压单斗挖掘机：0.02 × 1.26=0.03 台班

3 m^3 以内轮胎式装载机：0.19 × 1.26=0.24 台班

气腿式风动凿岩机：4.35 × 1.26=5.48 台班

3 t 以内载货汽车：（0.25+0.01）× 1.26=0.33 台班

20 t 以内自卸汽车：（1.18+0.09）× 1.26=1.60 台班

10 m 以内高空作业车：0.01 × 1.26=0.01 台班

Φ100 mm 以内潜水泵：0.16 × 1.26=0.20 台班

20 m^3/min 以内电动空压机：(1.46+0.02) × 1.26=1.86 台班

110 kW 以内轴流式通风机：(1.58+0.15) × 1.26=2.18 台班

小型机具使用费：(179.2+1.3) × 1.26=227.43 元

(2)洞内路面垫层。查《概算定额》定额表[145-2-1-1-2]得出

人工：18.7 工日

水：19 m^3

砂砾：191.25 m^3

12~15 t 光轮压路机：0.16 台班

18~21 t 光轮压路机：0.31 台班

注：在应用定额过程中，不同章节的内容经常是交叉使用的。因此，在实训中，要注意全面、细致地查找定额。

四、上交资料

每人上交实训报告一份。

实训报告

日期： 班级： 组别： 姓名： 学号：

实训任务	隧道工程概算定额运用	成绩	
实训目的	通过此次实训，使学生明确隧道工程概算定额的内容；熟悉隧道工程概算定额的章节说明及运用要点；能正确查用隧道工程概算定额。		
实训内容	某隧道工程，长度 800 m，围岩Ⅱ级，正洞机械开挖自卸汽车运输，工程量 13 000 m^3。现浇混凝土衬砌，其中模架 110 m^3，仰拱 625 m^3，仰拱回填 47 m^3，连拱隧道中隔墙 133 m^3，钢筋 345 t，求人工、材料、机械消耗量。（提示：分别计算开挖运输和混凝土衬砌两个问题）		
实训总结			

实训十四　桥涵工程概算定额运用

一、实训目的与要求

(1)熟悉桥涵工程概算定额的内容。

(2)熟悉桥涵工程概算定额的章节说明及运用要点。

(3)掌握桥涵工程概算定额运用的基本方法和要求。

(4)会查用桥涵工程概算定额。

二、实训要点及注意事项

(1)定额按常用的结构分为石盖板涵、石(混凝土)拱涵、钢筋混凝土圆管涵、钢筋混凝土盖板涵、钢筋混凝土箱涵、波纹管涵六类,并适用于同类型的通道工程。如为其他类型,可参照有关定额进行编制。

(2)各类涵洞定额中均不包括涵洞顶上及台背填土、涵上路面等工程内容,这部分工程量应包括在路基、路面工程数量中。

(3)定额中涵洞洞口按一般标准洞口计算,遇有特殊洞口时,可根据圬工实体数量,套用相应定额计算。

(4)定额中圆管涵的管径为外径。

(5)涵洞扩大定额按每道单孔和取定涵长计算,当涵长与定额中涵长不同时,可用每增减 1 m 定额进行调整;如为双孔,可按调整好的单孔定额乘以下列系数。

结构类型	石盖板涵	钢筋混凝土圆管涵	石拱涵	钢筋混凝土盖板涵
双孔系数	1.6	1.8	1.5	1.6

(6)钢板桩围堰定额按一般常用的打桩机械在工作平台上打桩编制。定额中已包括工作平台、其他打桩附属设施和钢板桩的运输,使用定额时不得另行计算。

(7)开挖基坑定额中,干处挖基指无地面水及地下水位以上部分的土壤,湿处挖基指施工水位以下部分的土壤。

(8)开挖基坑定额不包含排水,使用定额时按相关定额另行计算。

(9)围堰、筑岛高度为平均施工水深加 50 cm。围堰长度按围堰中心长度计算。筑岛工程量按筑岛体积计算。

(10)钢板桩围堰的工程量按设计需要的钢板桩质量计算。

(11)套箱围堰的工程数量为套箱金属结构的质量,套箱整体下沉时悬吊平台的钢结构及套箱内支撑的钢结构均已综合在定额中,不得作为套箱工程量进行计算。

（12）开挖基坑的工程量应根据设计图纸、地质情况、施工规范确定基坑边坡后，按基坑容积计算。定额中已综合了集水井、排水沟、基坑回填、夯实等内容，使用定额时不得将上述项目计入工程量内。

（13）天然地基上的基础的工程量按基础、支撑梁、河床铺砌及隔水墙工程量的总和计算。

（14）沉井制作的工程量：重力式沉井为设计图纸井壁及隔墙混凝土数量；钢丝网水泥薄壁沉井为刃脚及骨架钢材的质量，但不包括铁丝网的质量；钢壳沉井的工程量为钢材的设计总质量。

（15）锚定系统定额的工程量指锚定的数量，按施工组织设计的需要量计算。

（16）沉井下沉定额的工程量按沉井刃脚外边缘所包围的面积乘沉井刃脚下沉入土深度计算。沉井下沉按土、石所在的不同深度分别采用不同的下沉深度的定额。定额中的下沉深度指沉井顶面到作业面的高度。定额中已综合溢流（翻砂）的数量，不得另加工程量。

（17）沉井填塞的工程量：实心为封底、填心、封顶的工程量总和；空心的为封底、封顶的工程量总和。

（18）地下连续墙导墙的工程量按设计需要设置的导墙的混凝土体积计算；成槽和墙体混凝土的工程量按地下连续墙设计长度、厚度和深度的乘积计算；锁口管吊拔和清底置换的工程量按地下连续墙的设计槽段数（指槽壁单元槽段）计算；内衬的工程量按设计需要的混凝土体积计算。

（19）人工挖孔的工程量按护筒（护壁）外缘所包围的面积乘设计孔深计算。

（20）灌注桩成孔工程量按设计入土深度计算。定额中的孔深指护筒顶至桩底（设计高程）的深度。造孔定额中同一孔内的不同土质，不论其所在的深度如何，均采用总孔深定额。

（21）灌注桩混凝土的工程量按设计桩径断面积乘设计桩长计算，不得将扩孔因素和凿除桩头数量计入工程量内。

（22）灌注桩工作平台水深 5 m 以内时工程量按施工组织设计需要的面积计算，水深 5 m 以上时工程量分别按施工组织设计的下部结构质量和上部结构面积计算。

（23）墩台的工程量为墩台身、墩台帽、支座垫石、拱座、盖梁、系梁、侧墙、翼墙、耳墙、墙背、填平层、腹拱圈、桥台第二层以下的帽石（有人行道时为第一层以下的帽石）的工程数量之和。

（24）索塔的工程量：塔墩固结的为基础顶面或承台顶面以上至塔顶的全部工程数量之和；塔墩分离的为桥面顶以上至塔顶的全部工程数量之和；桥面顶以下部分的工程数量按墩台定额计算。

（25）索塔锚固套筒定额中已综合加劲钢板和钢筋的数量，其工程量以锚固套筒钢管的质量计算。

(26)索塔钢锚箱的工程量为钢锚箱钢板、剪力钉、定位件的质量之和。

(27)梁、板桥上部构造的工程量包括梁、板、横隔板、箱梁 0 号块、合龙段、桥面连续结构的工程量以及安装时现浇混凝土的工程量。

(28)斜拉桥混凝土箱梁锚固套筒定额中已综合了加劲钢板和钢筋的数量,其工程量以混凝土箱梁中锚固套筒钢管的质量计算。

(29)钢格栅的工程量以钢格栅和反力架的质量之和计算。

(30)主索鞍的质量包括承板、鞍体、安装板、挡块、槽盖、拉杆、隔板、锚梁、锌质填块的质量;散索鞍的质量包括底板、底座、承板、鞍体、压紧梁、隔板、拉杆、锌质填块的质量。

(31)牵引系统长度为牵引系统所需的单侧长度,以 m 为单位计算。

(32)猫道系统长度为猫道系统的单侧长度,以 m 为单位计算。

(33)索夹质量包括索夹主体、螺母、螺杆、防水螺母、球面垫圈的质量,以 t 为单位计算。

(34)紧缆的工程量为主缆长度扣除锚跨区后、塔顶区无须紧缆的主缆长度的单侧长度,以 m 为单位计算。

(35)钢箱梁的质量为钢箱梁(包括箱梁内横隔板)、桥面板(包括横肋)、横梁、钢锚箱质量之和。如为钢-混凝土混合梁结构,其结合部的剪力钉质量也应计入钢箱梁质量内。

(36)钢管拱肋的工程量以设计质量计算,包括拱肋钢管、横撑、腹板、拱脚处外侧钢板、拱脚接头钢板及各种加劲块的质量,不包括支座和钢拱肋内的混凝土的质量。

(37)安装板式橡胶支座的工程量按支座的设计体积计算。至于锚栓、梁上的钢筋网、铁件等均已综合在定额内。

(38)桥梁支架定额单位的立面积为桥梁净跨径乘以高度,拱桥高度为起拱线至地面的高度,梁式桥高度为墩、台帽顶至地面的高度,这里的地面指支架地梁的底面。

(39)钢筋定额中光圆钢筋与带肋钢筋的比例关系与设计图纸不同时,可据实调整。

(40)制作、张拉预应力钢筋定额是按不同的锚头形式分别编制的,当每吨钢丝的根数有变化时,可根据定额进行抽换。定额中的锚具按套计,包括锚具的所有费用。定额中的束长为一次张拉的长度。

(41)预应力钢筋、钢绞线定额均已包括制束、穿束、张拉,波纹管制作、安装或胶管预留孔道、孔道压浆等的工、料、机消耗量。成品束钢绞线定额包括张拉、孔道压浆等的工、料、机消耗量。锚垫板、螺旋筋含在锚具单价中。使用定额时,上述项目不得另行计算。

(42)蒸汽养护室面积按有效面积计算,其工程量按每一养护室安置两片梁,其梁间距为 0.8 m,长度每端增加 1.5 m,宽度每边增加 1.0 m 考虑。定额中已将其附属工程及设备按摊销量计入,编制概算时不得另行计算。

三、实训范例

【范例一】某双孔石盖板涵，跨径 1.25 m，涵长 15 m，求此盖板涵的人工、石料的用量。

解析：

根据《概算定额》第 335 页第四章第一节说明 7 的规定，双孔石盖板涵的计算要在单孔的基础上乘系数 1.6。由《概算定额》定额表[396-4-1-3-(3+8×2)]可得如下内容。

人工：(78.6+4.5×2)×1.6=140.16 工日

片石：(32.89+2.65×2)×1.6=61.10 m^3

块石：(21.0+1.16×2)×1.6=37.31 m^3

盖板石：(5.5+0.4×2)×1.6=10.08 m^3

粗料石：0.18 ×1.6=0.29 m^3

注：在实训项目中，所有条件都要考虑周全，如单孔、双孔的定额都是有区别的。

【范例二】某预应力混凝土箱梁预制工程，设计规定采用波纹管成孔，钢筋为 550 根/10 t。试列出后张法制作、张拉预应力钢筋的概算定额。

解析：

(1)根据《概算定额》第 779 页第五节说明 2，当每吨钢筋根数与定额规定不符时，可根据定额进行抽换。

(2)查《概算定额》定额表[787-4-5-2-(1+2×20)](定额单位为 10 t 预应力钢筋)，根据题目，钢筋为 550 根/10 t，与定额所列 530 根/10 t 不符，故其计算如下。

人工：211.7+(550−530)×0.2=215.7 工日

预应力粗钢筋：10.4 t

波纹管钢带：0.983 t

水：2 m^3

32.5 级水泥：1.941 kg

精轧螺纹钢锚具：1 121.6+(550−530)×2.1=1 163.6 kg

其他材料费：245.4+(550−530)×0.5=255.4 元

900 kN 以内预应力拉伸机：17.78+(550−530)×0.03=18.38 台班

波纹管卷制机：7.86 台班

50 kN 以内单筒慢动电动卷扬机：3.7 台班

小型机具使用费：927.1+(550−530)×1.7=961.1 元

注：由钢筋根数的抽换了解预应力钢筋制作、张拉的工艺。

四、上交资料

每人上交实训报告一份。

实训报告(1)

日期：　　　　班级：　　　　组别：　　　　姓名：　　　　学号：

实训任务	桥涵工程概算定额运用(一)	成绩	
实训目的	通过此次实训，使学生明确桥涵工程概算定额的内容；熟悉桥涵工程概算定额的章节说明及运用要点；学会查用桥涵工程概算定额；掌握桥涵工程概算定额运用的基本方法和要求。		
实训内容	钢筋混凝土圆管涵，涵长 15 m，内径为 1.26 m，厚 12 cm，采用人工安装普通钢筋，求人工、光圆钢筋的定额值。（提示：注意关于圆管涵尺寸规格的说明）		
实训总结			

实训报告(2)

日期:　　　　　　班级:　　　　　　组别:　　　　　　姓名:　　　　　　学号:

实训任务	桥涵工程概算定额运用(二)	成绩	
实训目的	通过此次实训,使学生明确桥涵工程概算定额的内容;熟悉桥涵工程概算定额的章节说明及运用要点;学会查用桥涵工程概算定额;掌握桥涵工程概算定额运用的基本方法和要求。		
实训内容	某桥预制构件厂预制等截面连续箱梁,梁长 15 m,宽 3 m,泵送混凝土,共 10 个底座,试计算预制等截面连续箱梁的人工、水泥用量和养生 10 片梁所需的蒸汽养生室建筑人工、水泥用量。(提示:(1)查取预制等截面连续箱梁的定额;(2)根据章节说明计算养生室面积,进而计算养生室建筑人工、水泥用量)		
实训总结			

实训十五　交通工程及沿线设施概算定额运用

一、实训目的与要求

（1）熟悉交通工程及沿线设施工程概算定额的内容。

（2）掌握交通工程及沿线设施工程概算定额的章节说明及运用要点。

（3）掌握交通工程及沿线设施工程概算定额运用的基本方法和要求。

二、实训要点及注意事项

（1）墙式护栏的工程量为墙体体积。

（2）钢筋混凝土防撞护栏中铸铁柱与钢管栏杆按柱与栏杆的总质量计算，预埋螺栓、螺母及垫圈等附件已综合在定额内，使用定额时，不得另行计算。

（3）波形钢板护栏中钢管柱、型钢柱按柱的成品质量计算；波形钢板按钢板、端头板（包括端部稳定的锚定板、夹具、挡板）与撑架的总质量计算，柱帽、固定螺栓、连接螺栓、钢丝绳、螺母及垫圈等附件已综合在定额内，使用定额时，不得另行计算。

（4）活动护栏工程量按护栏实际长度计算；缆索护栏按质量计算，钢管立柱综合了连接钢板，缆索综合了连接螺栓等，使用定额时，不得另行计算。

（5）中央分隔带开口护栏工程量按护栏实际长度计算；缆索护栏按质量计算，钢管立柱综合了连接钢板，缆索综合了连接螺栓等，使用定额时，不得另行计算。

（6）隔离栅的工程量为两端立柱中心间的距离。

（7）中间带及车道分离防撞设施定额中，路缘带的工程量为路缘带起讫点间的距离，定额综合了中央分隔带填土，使用定额时，不得另行计算；隔离墩、钢管栏杆及防眩网（板）的工程量为实际设置长度；车道分离块的工程量为实际设置长度。

（8）当轮廓标安装在波形护栏上时，应扣除定额中镀锌铁件的数量。

（9）路面标线按画线的净面积计算。

（10）收费岛涂刷反光标志漆和粘贴反光膜的数量，已综合在收费岛混凝土定额中，使用定额时，均不得另行计算。

（11）防撞栏杆的预埋钢套管的数量已综合在定额中，使用定额时，不得另行计算。

（12）防撞立柱的预埋钢套管及立柱填充水泥混凝土、立柱与预埋钢套管之间灌填水泥砂浆的数量，均已综合在定额中，使用定额时，不得另行计算。

（13）设备基础混凝土定额中综合了预埋钢筋、地脚螺母、底座法兰盘等的数量，使用定额时，不得另行计算。

（14）通信管道定额中不包括管道过桥时的托架和管箱等工程内容，应按相关定额另行计算；挖管沟本定额也未包括，应按电缆敷设电缆沟项目人工挖运土方定额计算。

（15）硅芯管敷设定额已综合标石的制作及埋放、入孔处的包封等，使用定额时不得另行计算。

（16）镀锌钢管敷设定额中已综合接口处套管的切割、焊接、防锈处理等内容，使用定额时不得另行计算。

（17）敷设管道和管道包封的工程量均按管道长度计算。

（18）干式变压器如果带有保护外罩时，人工和机械乘以系数1.2。

（19）变压器油是按设备自带考虑的，但施工中变压器油的过滤损耗及操作损耗已包括在定额中。变压器安装过程中放注油、油过滤所使用的油罐，已摊入油过滤定额中。

（20）高压成套配电柜中断路器安装定额是综合考虑的，不分容量大小，也不包括母线配置及设备干燥。

（21）控制设备安装未包括支架的制作和安装，需要时可按相关定额另行计算。

（22）送配电设备系统调试包括系统内的电缆试验、瓷瓶耐压等全套调试工作。供电桥回路中的断路器、母线分段断路器皆作为独立的供电系统计算，定额皆按一个系统一侧配一台断路器考虑，若两侧皆有断路器时，则按两个系统计算。如果分配电箱内只有刀开关、熔断器等不含调试元件的供电桥回路，则送配电设备不再作为调试系统计算。

（23）接地装置定额是按变配电系统接地、车间接地和设备接地等工业设施接地编制的。定额中未包括接地电阻率高的土质换土和化学处理的土壤及由此发生的接地电阻测试费用等，需要时应另行计算。接地装置换填土执行电缆沟挖填土相应子目。

（24）电缆敷设按单根延长米计算（如一个架上敷设3根各长100 m的电缆，工程量应按300 m计算，依此类推）。电缆附加及预留的长度是电缆敷设长度的组成部分，应计入电缆工程量内。电缆进入建筑物预留长度按2 m计算。电缆进入沟内或吊架预留长度按1.5 m计算。电缆中间接头盒预留长度两端各按2 m计算。

（25）用于扩（改）建工程时，所用定额的人工工日乘以系数1.35。施工单位为配合认证单位验收测试而发生的费用，按本定额验证测试子目的工日、仪器仪表台班总用量乘以系数0.30计取。

三、实训范例

【范例】某公路沿线水平敷设铜芯电缆3 800 m，电缆截面面积为110 mm^2，求该电缆预算定额值。

解析：

由《概算定额》定额表[969-5-6-2-2]得

人工：76.8×3 800/1 000=291.84 工日

8~12号铁丝：4.5×3 800/1 000=17.1 kg

镀锌螺栓：14.4 × 3 800/1 000=54.72 kg

膨胀螺栓：140 × 3 800/1 000=532 套

电缆：1 010 × 3 800/1 000=3 838 m

其他材料费：890 × 3 800/1 000=3 382 元

6 t 以内载货汽车：0.55 × 3 800/1 000=2.09 台班

5 t 以内汽车式起重机：0.53 × 3 800/1 000=2.01 台班

基价：47 983 × 3 800/1 000=182 335 元

四、上交资料

每人上交实训报告一份。

实 训 报 告

日期：　　　　班级：　　　　组别：　　　　姓名：　　　　学号：

实训任务	交通工程及沿线设施概算定额运用	成绩	
实训目的	通过此次实训，使学生了解交通工程及沿线设施概算定额的内容；熟悉交通工程及沿线设施概算定额的章节说明及运用要点；能正确查用交通工程及沿线设施概算定额。		
实训内容	某一级公路全长 35 km，设预制混凝土百米桩，求人工、光圆钢筋、油漆用量。（提示：注意准确确定百米桩的块数）		
实训总结			

实训十六　绿化及环境保护工程概算定额运用

一、实训目的与要求

（1）熟悉绿化及环境保护工程概算定额的内容。

（2）熟悉绿化及环境保护工程概算定额的章节说明及运用要点。

（3）掌握绿化及环境保护工程概算定额运用的基本方法和要求。

（4）会运用绿化及环境保护工程概算定额。

二、实训要点及注意事项

（1）绿化工程栽植子目中均已综合了挖树穴、底肥、1次浇水费用。

（2）环境保护工程声屏障的隔声、吸音板可以依据设计进行调整。

（3）死苗补植在栽植子目中已包含，使用定额时不得更改。盆栽植物均按脱盆的规格套用相应的定额子目。

（4）苗木及地被植物的场内运输已在定额中综合考虑，使用定额时不得另行增加。

（5）绿化工程内容中，清理场地指工程完工后将树穴淤泥杂物清除并归堆。当有淤泥杂物需外运时，按路基土石方运输定额子目另行计算。

（6）栽植子目中均已综合了挖树穴工程量，底肥费用计入其他材料费中，浇水按1次计算，其余内容按相应定额计算，但不得重复计算。

（7）栽植子目按土可用的情况进行编制，若需要换土，则按有关定额子目进行计算。

（8）运苗木子目仅适用于自运苗木的运输。

（9）立柱安装定额中预埋件、H型钢立柱等均按成品镀锌构件编制，刷防腐油漆等定额已综合考虑，使用定额时，不应另行计算。

（10）板材安装定额不包括板材的制作与运输。另外，定额中板材是按定额表中所给出的结构形式及尺寸编制的；若板材各单元的组合或尺寸有变，可根据设计据实进行调整。

（11）定额中的声屏障按1.4 m弧形吸音板+1 m夹胶玻璃隔声板+1.6 m平直形吸音板编制；若设计板材或尺寸有变，可依据设计调整。

三、实训范例

【范例】某公路进行绿化工程，需要栽植75 cm裸根灌木4 600株。试求其概算定额值。

解析：

根据《概算定额》定额表[991-6-1-2-Ⅱ-9]查得，株高 80 cm 以内裸根灌木需要（每100 株）：

人工：1.7 × 4 600/100=78.2 工日

水：22 × 4 600/100=1 012 m^3

灌木：105 × 4 600/100=4 830 株

其他材料费：34.2 × 4 600/100=1 573.2 元

4 000 L 以内洒水车：0.02 × 4 600/100=0.92 台班

小型机具使用费：0.6 × 4 600/100=27.6 元

四、上交资料

每人上交实训报告一份。

实训报告

日期：　　　　　　班级：　　　　　　组别：　　　　　　姓名：　　　　　　学号：

实训任务	绿化及环境保护工程概算定额运用	成绩	
实训目的	通过此次实训，使学生了解绿化及环境保护工程概算定额的内容；熟悉绿化及环境保护工程概算定额的章节说明及运用要点；掌握绿化及环境保护工程概算定额运用的基本方法和要求。		
实训内容	某公路进行绿化工程，需要栽植 35 cm 裸根灌木 520 株，45 cm 带土球灌木 600 株。试求其概算定额值。（提示：注意本题给定的裸根灌木长度值与带土球灌木长度值的区别）		
实训总结			

实训十七　临时工程概算定额运用

一、实训目的与要求

(1)熟悉临时工程概算定额的内容。

(2)熟悉临时工程概算定额的章节说明及运用要点。

(3)掌握临时工程概算定额运用的基本方法和要求。

(4)会运用临时工程概算定额。

二、实训要点及注意事项

(1)本定额包括汽车便道,临时便桥,临时码头,轨道铺设,架设输电、电信线路,人工夯打小圆木桩共6个项目。

(2)汽车便道按路基宽度为7.0 m和4.5 m分别编制,便道路面宽度按6.0 m和3.5 m分别编制,路基宽度4.5 m的定额中已包括错车道的设置。汽车便道如在使用期内需要养护,按相应定额另行计算。

(3)临时汽车便桥按桥面净宽4 m、单孔跨径21 m编制。钢栈桥分上、下部进行编制,下部工程量按钢栈桥下部总质量计算,上部工程量按钢栈桥桥面面积计算。

(4)临时便桥定额中的设备摊销费是按使用4个月编制的,若使用期不同,可予以调整。

(5)临时便桥定额中的钢管桩为使用1年的消耗量;若使用期不同,可予以调整。

(6)重力式砌石码头定额中不包括拆除的工程内容,需要时可按桥涵工程项目的拆除旧建筑物定额另行计算。

(7)浮箱码头定额中每100 m^2码头平面面积的浮箱质量为25.365 t(包括浮箱连接件),其设备摊销费按每吨每月140元,并按使用12个月编制,若浮箱实际质量和施工期不同,可予以调整。

(8)钢筋混凝土锚定额中已包括了栓锚钢丝绳及锚链的数量,使用定额时不得另行计算。

(9)轨道铺设定额中轻轨(11 kg/m, 15 kg/m)部分未考虑道砟,轨距为75 cm,枕距为80 cm,枕长为1.2 m;重轨(32 kg/m)定额在路基上已考虑道砟的周转使用,按实际用量的30%计。重轨定额按轨距1.435 m,枕距80 cm,枕长2.5 m,岔枕长3.35 m编制。

(10)轨道铺设定额中如需设置道岔,每处道岔工、料按相应轨道铺设增加:轨重11 kg/m、15 kg/m的增加16 m,轨重32 kg/m的增加31 m;岔枕长3.35 m。

(11)人工夯打小圆木桩的土质划分及桩入土深度的计算方法与打桩工程相同。圆木桩的体积,根据设计桩长和梢径(小头直径),按木材材积表计算。

(12)本定额中便桥,输电、电信线路的木料,电线的材料消耗均按一次使用量计列,使用定额时应按规定计算回收;其他各项定额分不同情况,按其周转次数摊入材料数量。

(13)架设输电线路定额中的设备摊销费为变压器的费用,按施工期 2 年计算;如施工期不同,可按比例调整。

三、实训范例

【范例】某工程施工需临时钢便桥 1 座,桥长 149 m,桩长 10 m 以内,试求其概算定额的工、料、机消耗。

解析:

由《概算定额》第 1 011 页第七章说明 3 可知,该便桥长 149 m,而定额是以单孔跨径 21 m 编制的,故该桥应设桥墩 149 ÷ 21≈7 座,而实际桥墩数量应为 7+1=8 座。

根据《概算定额》定额表[1014-7-1-2-1+2]查得

人工:28.7 × 149 ÷ 10+1.5 × 8=439.63 工日

原木:0.171 × 149 ÷ 10+0.21 × 8=4.23 m^3

锯材:5.165 × 149 ÷ 10+0.11 × 8=77.84 m^3

型钢:0.09 × 8=0.72 t

电焊条:1.4 × 8=11.2 kg

钢管桩:0.152 × 8=1.216 t

铁件:16.1 × 149 ÷ 10+13.3 × 8=346.3 kg

其他材料费:372.8 × 149 ÷ 10+6.1 × 8=5 603.52 元

设备摊销费:3 128.8 × 149 ÷ 10=46 619.12 元

25 t 以内轮胎式起重机:0.09 × 8=0.72 台班

50 kN 以内单筒慢动卷扬机:2.36 × 149 ÷ 10=35.16 台班

300 kN 以内振动打拔桩锤:0.21 × 8=1.68 台班

32 kN·A 以内交流电弧焊机:0.16 × 8=1.28 台班

44 kW 以内内燃拖轮:0.08 × 8=0.64 台班

80 t 以内工程驳船:0.51 × 8=4.08 台班

小型机具使用费:5.6 × 149 ÷ 10+7.1 × 8=140.24 元

四、上交资料

每人上交实训报告一份。

实训报告(1)

日期：　　　　班级：　　　　组别：　　　　姓名：　　　　学号：

实训任务	临时工程概算定额运用	成绩	
实训目的	通过此次实训，使学生明确临时工程概算定额的内容；熟悉临时工程概算定额的章节说明及运用要点；掌握临时工程概算定额运用的基本方法和要求。		
实训内容	某工程铺设临时轨道 380 m，钢轨重 11 kg/m，设 2 处道岔，求实际工、料、机消耗量。（提示：注意参照定额表的备注说明）		
实训总结			

实训报告(2)

日期：　　　班级：　　　组别：　　　姓名：　　　学号：

实训任务	概算定额综合运用	成绩	
实训目的	通过此次实训，使学生熟悉概算定额的全部内容，掌握概算定额各分项定额运用的基本方法和要求，并能综合运用概算定额。		
实训内容	某高速公路项目，铺筑汽车便道 3.7 km，便道路基宽 4.5 m，路面宽 3.5 m，养护 15 个月；现浇钢筋混凝土箱涵 1 道，混凝土 18 m^3；梁板桥 1 座，回旋钻机钻孔，陆地上作业，桩径 110 cm，孔深 36 m，土质由上至下依次为砂砾 65 m，软石 42 m；桥台为 U 形，高 8 m，120 m^3 实体；实体式片石混凝土桥墩，高 11 m。求人工、主要材料、机械消耗量。（提示：涉及《概算定额》多个章节的内容，要厘清层次，逐一解决）		
实训总结			

实训十八　公路工程机械台班费用定额运用

一、实训目的与要求

(1)明确公路工程机械台班费用定额的内容。

(2)分析公路工程机械台班费用定额的说明及运用要点。

(3)掌握公路工程机械台班费用定额运用的基本方法和要求。

(4)会查用公路工程机械台班费用定额。

二、实训要点及注意事项

(1)本定额是《公路工程建设项目投资估算编制办法》(JTG 3820—2018)、《公路工程建设项目概算预算编制办法》(JTG 3830—2018)、《公路工程估算指标》(JTG/T 3821—2018)、《公路工程概算定额》(JTG/T 3831—2018)、《公路工程预算定额》(JTG/T 3832—2018)的配套定额,是编制公路建设工程估算、概算、预算的依据。

(2)本定额内容包括:土、石方工程机械,路面工程机械,混凝土及灰浆机械,水平运输机械,起重及垂直运输机械,打桩、钻孔机械,泵类机械,金属、木、石料加工机械,动力机械,工程船舶,工程检测仪器仪表,通风机,其他机械等,共计13类972个子目。

(3)本定额中各类机械(除潜水设备、变压器和配电设备外)每台(艘)班均按8 h计算,潜水设备每台班按6 h计算,变压器和配电设备每昼夜按1个台班计算。

(4)本定额中的折旧费、检修费、维护费、安拆辅助费为不变费用,编制机械台班单价时,除青海、新疆、西藏等边远地区外,均应直接采用。至于边远地区因机械使用年限差异、维修工资、配件材料等价差较大而需调整不变费用时,可根据具体情况,由各省级交通运输主管部门制定系数并执行。

(5)本定额中的人工费、动力燃料费、车船税为可变费用,编制机械台班单价时,人工及动力燃料消耗量应以本定额中的数值为准。人工单价、动力燃料单价按《公路工程建设项目概算预算编制办法》(JTG 3830—2018)的规定计算。工程船舶和潜水设备的工日单价,按当地有关部门规定计算。其他费用,如需缴纳,应根据各省、自治区、直辖市及国务院有关部门规定的标准,按机械的年工作台班计入台班费中。

(6)机械设备转移费不包括在本定额中。

(7)加油及油料过滤的损耗和由变电设备至机械之间的输电线路电力损失,均已包括在本定额中。

(8)本定额中凡注明“××以内”者,均含“××”数本身。定额子目步距起点均由前项开始，如“30 以内”“60 以内”“80 以内”等，其中“60 以内”指“30 以外至 60 以内”，“80 以内”指“60 以外至 80 以内”。

（9）本定额的计量单位均采用国家法定计量单位。

（10）本定额按照公路工程中常用的施工机械的规格编制，规格与之相同或相似的，均应直接采用。本定额中未包括的机械项目，各省级交通运输主管部门可根据本定额的编制原则和方法编制补充定额。

三、实训范例

【范例】试确定 5 t 以内自卸汽车的机械台班单价。已知当地规定的人工工日单价为 160 元/工日，汽油单价为 7.6 元/kg。

解析：

（1）查《公路工程机械台班费用定额》（JTG/T 3833—2018）第 40 页水平运输机械，5 t 以内自卸汽车的定额代号为 8007012。

（2）在代号 8007012 子目查得定额值并计算台班单价（不变费用为 120.53 元）：

人工：1 × 160=160 元

汽油：41.91 × 7.6=318.52 元

台班单价=不变费用+可变费用=120.53+（160+318.52）=559.05 元

四、上交资料

每人上交实训报告一份。

实训报告

日期：　　　　班级：　　　　组别：　　　　姓名：　　　　学号：

实训任务	公路工程机械台班费用定额运用	成绩	
实训目的	通过此次实训，使学生明确公路工程机械台班费用定额的内容；学会分析公路工程机械台班费用定额的说明及运用要点；掌握公路工程机械台班费用定额运用的基本方法和要求。		
实训内容	试确定蒸发量为 1 t/h 的工业锅炉的机械台班单价。已知工、料单价为：人工 160 元/工日，煤 0.48 元/kg，电 0.80 元/（kW·h），水 0.65 元/ m^3，木柴 0.70 元/kg。（提示：注意考虑可变费用的计算）		
实训总结			

第二部分　公路工程概算、预算造价文件编制实训

一、施工图预算实训项目

（一）项目概况

1. 原有桥梁概述

连城桥位于辽源市县道 X636 西支线上 K2+815 处，跨越东辽河，原桥为双幅桥，上行桥为石拱桥，建于 1968 年，下行桥建于 1999 年。该段河道较顺直，断面较规则。桥梁两侧河堤较顺直，桥台两侧河堤挡墙。桥位处河流汇水面积为 1 518 km^2，用形态断面法计算设计流量 $Q_{1/100}$=2 335.6 m^3/s，设计水位为 272.331 m，桥面最低设计标高为 275.122 m。经计算原桥满足泄洪要求。

上行桥为 7-16.5 m 实腹式石拱桥，上行桥宽为：1.0 m（人行道）+7.0 m（行车道）+0.5 m（护栏）=8.5 m（全宽）。下部结构为重力式桥墩、桥台，扩大基础。1999 年增加下行桥时对桥面系改造。设计荷载为：汽车-15 级，挂-100。

2. 主要病害

上行桥的主要病害：

（1）2#主拱圈拱顶跨中横向贯穿裂缝，裂缝超限，4 处孔洞；

（2）5~7#主拱圈与侧墙脱裂；

（3）6#拱圈砌石脱落 3 处；

（4）7#主拱圈拉裂砂浆脱落；

（5）桥墩受河水冲刷砂浆勾缝脱落，砌块松动；

（6）桥面铺装出现轻度车辙；

（7）人行道及护栏底座多处破损；

（8）栅栏式护栏不满足防撞要求。

3. 评定等级

根据吉林省交通规划设计院出的《连城桥（左幅）技术状况评定》报告，连城桥（上行）为 4 类桥。

（二）设计标准

1. 设计方案

拆除上行石砌拱桥，重新修建，桥梁上部结构采用 7-16.5 m 预应力混凝土简支空心板梁（后张），下部结构桥墩采用柱式墩、桩基础，桥台采用 U 台、扩大基础。桥梁宽度采

用 0.5 m（护栏）+1.3 m（人行道）+ 11 m（行车道）+0.75 m（护栏）=13.55 m（桥梁全宽）。桥梁全长 136.5 m。

2. 设计要点

（1）设计计算采用平面杆系结构计算软件，桥面现浇层参与结构受力，荷载横向分配系数按铰接板法计算，并采用空间结构计算软件校核。

（2）设计参数如下。

①混凝土：重力密度 γ=26.0 kN/m³，弹性模量 $E=3.45\times10^4$ MPa。

②预应力钢筋：弹性模量 $E_p=1.95\times10^5$ MPa，松弛率 ρ=0.035，松弛系数 ξ=0.3。

③锚具：锚具变形、钢筋回缩按 6 mm（一端）计算。

④竖向梯度温度效应：按《公路钢筋混凝土及预应力混凝土桥涵设计规范》（JTG 3362—2018）规定取值，取 T_1=14 ℃，T_2=5.5 ℃。

（3）一块板板端支点最大反力如表 2-1 所示。

表 2-1　板端支点最大反力

项目	恒载（kN）	恒+汽（kN）
边板反力	325	471
中板反力	268	411

（4）桥面横坡由盖梁坡度、支座垫石及支座顶钢板共同调整。

（5）在铺筑混凝土铺装前，应对主梁混凝土表面进行清扫后再施工防水层。

（6）伸缩缝及桥面连续：本桥在 0、7 号桥台和 2、5 号桥墩处设置 Z80 型伸缩缝，1、3、4 号桥墩处设置桥面连续，伸缩缝和桥面连续采用 C50 补偿收缩防水混凝土。

（7）泄水管采用铸铁管，泄水管铸铁部分除与混凝土接触面外，其余部分均采用涂一遍底漆、两遍油漆的方法防腐。

（三）沿线自然地理概况

1. 自然地理概况

桥址区位于东辽河上游河床上，为低山丘陵区。区域内河流形状呈树叶形，河水流向为北东—南西向，河流两岸平坦宽阔，现状为城区，河床表层为卵砾石，平时河水水流较小，雨季洪水暴涨。

工程区域地处吉林省中南部，属于北温带大陆性季风气候区，受大气环流影响，在冷暖气团的交替控制之下，四季气候变化十分明显。根据辽源气象站气象要素统计资料，多年平均降水量为 661.6 mm，同时降水在时间和空间上分布不均匀，最多月份降雨量是最少月份降雨量的 29.7 倍，6~9 月份降雨量为 490.3 mm，占全年降水量的 74.1%；多年平均蒸发量为 1 268.8 mm（Φ20 cm），多年平均日照时数为 2 507.1 h，多年平均气温为 5.2 ℃，历年极端最低气温为-37.9 ℃，发生在 1990 年 1 月 4 日。多年平均风速为 2.9 m/s，历年最大风速为 24 m/s，发生在 1957 年 4 月 15 日，风向为 SW。

2. 工程地质

桥址区上覆第四系全新统冲积层（Q4al），主要为粉质黏土、粗砂等；下覆华力西晚期花岗岩（γ43），岩性主要为花岗岩及燕山早期安山岩。根据岩土体地质时代、地层成因、岩体风化程度及岩土物理力学特征等，桥址区地层自上而下依次如下。

（1）粉质黏土混砂砾：灰褐色，可塑偏软，干强度中等，韧性低，无摇震反应，切面无光泽，含 20%~30%砂砾，层厚 3.20~3.30 m。

（2）砾砂：黄褐色，饱和，稍密至中密，主要由长石、石英及少量岩屑组成，含少量砾石，层厚 3.20 m。

（3）卵石：黄褐色，为路基填筑土，稍湿，主要由粉质黏土、碎石、风化砂等组成，部分为圆砾，层厚 2.60~2.80 m。

（4）强风化花岗岩（γ43）：灰褐色，中细粒结构，块状构造，主要由长石、石英组成，岩心为碎石状-短柱状，复合片泥浆钻进，进尺缓慢，层厚 2.20~2.40 m。

（5）中风化花岗岩（γ43）：灰褐色，中细粒结构，块状构造，主要由长石、石英组成，金刚石泥浆钻进，进尺缓慢，层厚 2.20~2.40 m。

（6）全风化安山岩（J3d）：灰褐至深灰色，全风化碎石土-角砾土状，镶嵌结构，岩芯呈角砾状-碎石状，层厚 2.20~2.40 m。

（7）强风化安山岩（J3d）：深灰色，安山结构，块状构造，主要由长石、石英组成，复合片泥浆钻进，进尺缓慢，层厚 2.20~2.40 m。

（8）中风化安山岩（J3d）：深灰色，安山结构，块状构造，主要由长石、石英组成，层厚 2.20~2.40 m，最大揭露厚度为 12.60 m。

（四）桥涵主要材料

1. 混凝土

（1）预应力混凝土主梁：C50 混凝土。

（2）伸缩装置预留槽及桥面整体化混凝土：C50 补偿收缩防水混凝土。

（3）桥面铺装：4 cm 细粒式 AC-13 橡胶沥青混凝土+6 cm 中粒式 AC-20 橡胶沥青混凝土铺装，中间铺筑一层黏层油。

（4）护栏底座：C50 补偿收缩防水混凝土。

（5）台帽、挡块、耳背墙、墩身：采用 C40 混凝土。

（6）U 台台身、U 台侧墙、U 台扩大基础：采用 C30 混凝土。

（7）桩基础：采用 C30 水下混凝土。

混凝土所用材料应符合 GB 175—2007、JTG/T 3650—2020 和 JTG/T F30—2014 的规定。

2. 钢材

（1）预应力钢筋采用 Φs15.20 钢绞线，公称面积为 139 mm^2，应符合《预应力混凝土用钢绞线》（GB/T 5224—2014）的规定。

（2）普通钢筋采用 HPB300 和 HRB400 钢筋。

钢筋应符合《钢筋混凝土用钢 第 1 部分：热轧光圆钢筋》（GB/T 1499.1—2017）和《钢筋混凝土用钢 第 2 部分：热轧带肋钢筋》（GB/T 1499.2—2018）的规定。

钢筋接头：当钢筋直径 ⩾12 mm 时，采用焊接；当钢筋直径<12 mm 时，可采用绑扎。焊接、绑扎长度应严格执行《公路桥涵施工技术规范》（JTG/T 3650—2020）的规定。

HRB400 钢筋要用牌号 J502，型号 E5003 钛钙型低合金钢焊条焊接。

3. 锚具及成孔管道

（1）锚具及夹具应符合国家标准《预应力筋用锚具、夹具和连接器》（GB/T 14370—2015）的规定。管道成孔采用塑料波纹管，应满足《预应力混凝土桥梁用塑料波纹管》（JT/T 529—2016）。

（2）锚下垫板材质为灰口铸铁，其强度不低于 HT200 的强度，厚度不小于 28 mm。

（3）为保证预应力能可靠地传递到混凝土构件中，锚具应做传力性能试验。

（4）锚下螺旋筋首圈和末圈做闭合焊接处理。

4. 防腐材料

本次设计中对伸缩缝顶缘及护栏底座迎车面及顶缘易接触冬季融雪剂的位置均做硅烷浸渍处理。

按照交通运输部《海港工程钢筋混凝土结构电化学防腐蚀技术规范》（JTS 153-2—2012）执行，混凝土浇筑完毕采用硅烷浸渍的方式进行防腐蚀保护。推荐采用异丁烯三乙氧基硅烷单体作为硅烷浸渍材料，也可以采用其他材料，但效果不应低于推荐的异丁烯三乙氧基硅烷单体。

5. 支座及伸缩装置设计

（1）支座采用四氟滑板橡胶支座和圆形板式橡胶支座。按照交通运输部《公路桥梁板式橡胶支座》（JT/T 4—2019）标准设计。支座采用天然橡胶，支座橡胶体内钢板采用优质低合金高强度结构钢（Q345），在购买支座时，生产厂家应提供产品所用材料的材质、技术指标及成品整体力学性能和技术指标的抽样检验报告，检验结果应符合交通运输部颁发的标准要求和设计要求。

（2）本桥采用 Z80 型桥梁伸缩装置，应符合 JT/T 327—2016 及国家相关标准的规定。伸缩装置异型钢的钢牌号为 Q355NHE，应符合 GB 50661—2011 的规定。橡胶带采用天然橡胶。其他材料均应符合相应标准、规范的规定。

在购买伸缩装置前，施工单位应提供伸缩装置的设计图，并与厂家签订协议，保证产品满足设计要求。生产厂家供货时应随产品提供产品所用材料的材质、技术指标及成品的整体力学性能和技术指标的抽样检验报告，检验结果应符合 JT/T 327—2016 的各项要求及国家相关标准和设计要求。

（3）伸缩装置预留槽采用 C50 补偿收缩防水混凝土，抗渗等级为 W8，拌制防水混凝土时应选用优质引气型减水剂以提高其抗冻性。

6. 防水材料

铺装混凝土顶面推荐采用 AMP-100 二阶反应型防水黏结材料，也可以采用其他类型防水材料，但防水效果不应低于推荐的 AMP-100 二阶反应型防水黏结材料的防水效果，并满足《路桥用水性沥青基防水涂料》（JT/T 535—2015）、《道桥用防水涂料》（JC/T 975—2005）的要求。

（五）设计标准及依据

1. 桥梁设计标准

荷载等级：公路Ⅰ级。

环境类别：Ⅱ类。

设计安全等级：一级。

设计洪水频率：1/100。

桥面宽度：0.5 m（护栏）+1.3 m（人行道）+11 m（净宽）+0.75 m（护栏）=13.55 m（全宽）。

设计使用年限：主体结构 100 年，可更换部件 15 年。

当地最大冻深：1.6 m。

设计基准期：100 年。

根据《中国地震动参数区划图》（GB 18306—2015）和由吉林省抗震防灾办公室与吉林省建筑设计院编制的《吉林省地震动参数区划图》，路线所经地区的地震基本烈度为Ⅵ度（0.05g）。本桥抗震设防类别采用 B 类，主要工程构造物抗震设防措施等级为 6 级。

2. 设计依据

（1）《工程建设标准强制性条文（公路工程部分）》。

（2）《公路工程技术标准》（JTG B01—2014）。

（3）《公路桥涵设计通用规范》（JTG D60—2015）。

（4）《公路圬工桥涵设计规范》（JTG D61—2005）。

（5）《公路钢筋混凝土及预应力混凝土桥涵设计规范》（JTG 3362—2018）。

（6）《公路桥涵地基与基础设计规范》（JTG 3363—2019）。

（7）《公路桥涵施工技术规范》（JTG/T 3650—2020）。

（8）《公路勘测规范》（JTG C10—2007）。

（9）《公路工程水文勘测设计规范》（JTG C30—2015）。

（10）《公路桥梁抗震设计规范》（JTG/T 2231-01—2020）。

（11）《公路工程抗震规范》（JTG B02—2013）。

（12）《公路交通安全设施设计规范》（JTG D81—2017）。

（13）《公路交通安全设施设计细则》（JTG/T D81—2017）。

（14）《公路桥梁伸缩装置通用技术条件》（JT/T 327—2016）。

（15）《公路桥梁板式橡胶支座》（JT/T 4—2019）。

（16）《公路路线设计规范》（JTG D20—2017）。

（17）《公路路基设计规范》（JTG D30—2015）。

（18）《公路排水设计规范》（JTG/T D33—2012）。

（19）《公路沥青路面设计规范》（JTG D50—2017）。

（20）《公路沥青路面施工技术规范》（JTG F40—2004）。

（21）《公路沥青路面养护技术规范》（JTG 5142—2019）。

（22）《公路路面基层施工技术细则》（JTG/T F20—2015）。

（23）《公路交通标志和标线设置规范》（JTG D82—2009）。

（24）《公路养护安全作业规程》（JTG H30—2015）。

（25）《道桥用防水涂料》（JC/T 975—2005）。

（26）《公路工程混凝土结构耐久性设计规范》（JTG/T 3310—2019）。

（27）国家及交通运输部现行的其他规范、规程、办法。

二、实训项目施工图预算的编制步骤

本项目施工图预算的编制按以下步骤进行。

（1）熟悉设计图纸和资料。

（2）分析外业调查资料及施工方案。

（3）列项。

（4）计算工程量。

（5）初编 21-2 表。

（6）编制 22 表。

（7）编制 24 表 。

（8）编制 09 表。

（9）编制 04 表和 04-1 表。

（10）详细编制 21-2 表。

（11）编制 06 表。

（12）编制 03 表。

（13）编制 07 表。

（14）编制 08 表。

（15）编制 01 表。

（16）编制 02 表。

（17）编写“编制说明”。

（18）复核、印刷、装订、报批。

实训一　初步编制分项工程概(预)算表(21-2表)

一、实训目的与要求

(1)明确21-2表的编制范围、分项编号和工程名称。

(2)掌握21-2表各栏目数值的计算方法和含义。

(3)明确初编21-2表所需填列的内容。

二、实训方法与步骤

(1)将编制范围、分项编号、工程名称、单位填于表头上侧位置。其中分项编号、工程名称、单位应按《公路工程建设项目概算预算编制办法》(JTG 3830—2018)(简称《编制办法》)中概、预算项目表的相关内容填写。

(2)将划分好的工程项目填列于21-2表上部,按项目名称在预算定额中找到相应的预算定额表,将定额表号、定额单位以及定额表中相应的工程细目填列于21-2表中,并将该项目的工程数量填入表中相应位置。

(3)表最左侧的代号为工、料、机代号,根据本工程细目由现行《公路工程预算定额》(JTG/T 3832—2018)相应的定额表查得。

(4)在工、料、机名称栏与单位栏将相应预算定额表中所列本工程细目所需的工、料、机名称与单位抄录下来。

(5)定额栏为预算定额表中所列具体定额的消耗数值,直接抄录。

(6)数量栏即为表上部工程数量。

(7)定额基价为相应预算定额表中最下方代号为9999001的基价栏中数值。

(8)在21-2表初编完毕后,将表头右上角的“第 × 页,共 × 页”填充完整。

(9)其他栏目暂时无法计算,待详细编制21-2表时补充完整。

三、注意事项

(1)21-2表分项时不要漏列、错列,注意将费率相同的各细目填列于一张表中,便于小计。

(2)正确引用定额值,注意章节说明和表注。特别是在每次编制之前都要查询是否有新的定额或文件下达。

(3)正确计算工程量。在设计文件中,设计人员提供的工程数量与定额用的工程数量含义与单位有时不同,注意转换。

(4)21-2 表中的工程数量是用该项目的工程量除以定额单位得来的,是一个没有单位的数值。

(5)要加强复核工作。每个表格均应由编制人员与复核人员完成,切勿单人自编自核。(以下各表同此)

四、实训范例

在实训项目 21-2 预算表中取其临时便桥(21-2 表中第 6 页)共 2 页(表 2-2)作为实训范例(该项目 21-2 表共 132 页)。

五、上交资料

每人上交实训报告一份。

表 2-2　分项工程预算表

建设项目名称：县道 X636 西支线连城桥（上行）危桥改造工程

分项编号：1010201　　工程名称：临时便桥　　单位：m/座　　数量：　　单价：　　第 6 页　共 132 页　　21-2 表

代号	工程项目			临时便桥			临时便桥						合计	
	工程细目			简易汽车钢便桥			汽车便桥墩（桩长 10 m 以内）							
	定额单位			10 m			1 座							
	工程数量			4.000			1.000							
	定额表号			1130-7-1-2-1			1130-7-1-2-2							
	工、料、机名称	单位	单价（元）	定额	数量	金额（元）	定额	数量	金额（元）	定额	数量	金额（元）	数量	金额（元）
1001001	人工	工日		27.600	4.000		1.400	1.000						
2003004	型钢工字钢（角钢）	t					0.090	1.000						
2003021	钢管桩直径 219~2 440 mm，壁厚 5~20 mm	t					0.152	1.000						
2009011	电焊条结 422（502、506、507）3.2/4.0/5.0	kg					1.400	1.000						
2009028	铁件	kg		16.100	4.000		13.300	1.000						
4003001	原木（混合规格）	m^3		0.171	4.000		0.210	1.000						
4003002	锯材中板 δ=19~35 mm，中方混合规格	m^3		5.165	4.000		0.110	1.000						
7801001	其他材料费	元		372.800	4.000		6.100	1.000						
7901001	设备摊销费	元		3 128.800	4.000									
8009021	提升质量 25 t 以内轮胎式起重机 QLY25	台班					0.090	1.000						
8009081	牵引力 50 kN 以内单筒慢动电动卷扬机 JJM-5	台班		2.287	4.000									
8011012	激振力 300 kN 以内振动打拔桩锤 DZ30	台班					0.200	1.000						
8015028	容量 32 kV·A 以内交流电弧焊机 BX1-330	台班					0.150	1.000						
8019001	功率 44 kW 以内内燃拖轮	台班					0.080	1.000						

续表

代号	工程项目			临时便桥			临时便桥						合计	
	工程细目			简易汽车钢便桥			汽车便桥墩(桩长 10m 以内)							
	定额单位			10 m			1 座							
	工程数量			4.000			1.000							
	定额表号			1130-7-1-2-1			1130-7-1-2-2							
	工、料、机名称	单位	单价（元）	定额	数量	金额（元）	定额	数量	金额（元）	定额	数量	金额（元）	数量	金额（元）
8019020	装载质量 80 t 以内工程驳船	台班					0.490	1.000						
8099001	小型机具使用费	元		5.400	4.000		6.900	1.000						
9999001	定额基价	元		14 897.066	4.000		2 052.487	1.000						
	直接费	元												
	措施费 I	元												
	措施费 II	元												
	企业管理费	元												
	规费	元												
	利润	元												
	税金	元												
	金额合计	元												

编制：　　　　复核：

实训报告

日期：　　　　班级：　　　　组别：　　　　姓名：　　　　学号：

实训任务	初步编制分项工程概（预）算表（21-2 表）	成绩	
实训目的	通过此次实训，让学生知道初编 21-2 表所需填列的内容，明确 21-2 表各栏目数值的计算方法和含义。		
实训内容	1. 表 2-3 中的工程项目已经将定额所列工、料、机的数值抄录好，请计算“数量”栏目数值并填入表中。（见表 2-3） 2. 如何计算 21-2 表表头内的工程数量值？		

表 2-3　填制分项工程预算表(1)

序号	工　程　项　目			架设输电线路		
	工　程　细　目			架设输电线路		
	定　额　单　位			100 m		
	工　程　数　量			5.000		
	定　额　表　号			1136-7-1-5-1 改		
	工、料、机名称	单位	单价（元）	定额	数量	金额（元）
1001001	人工	工日		4.500		
2001021	8~12 号铁丝（镀锌铁丝）	kg		4.200		
2003004	型钢（工字钢，角钢）	t		0.015		
2003005	钢板（A3，δ=5~40 mm）	t		0.050		
2009028	铁件	kg		11.500		
5511002	钢筋混凝土电杆（7 m）	根		3.000		
7001009	120/20 聚乙烯绝缘电力电缆 规格 120/20	m		315.000		
7801001	其他材料费	元		157.800		
7901001	设备摊销费	元		310.525		
9999001	定额基价	元		6 455.507		

续表

实训内容

3. 根据表2-4中所列出的工程项目等内容，将初编21-2表时可以填列的内容计算并填入表2-4内。

表2-4　填制分项工程预算表(2)

序号	工　程　项　目			路面垫层			推土机推土、石方		
	工　程　细　目			机械铺料压实厚度15 cm砂砾			135 kW以内推土机推松土		
	定　额　单　位			1000 m^2			1000 m^3天然密实方		
	工　程　数　量			4.000			10.000		
	定　额　表　号			217-2-1-1-12			217-2-1-1-14		
	工、料、机名称	单位	单价（元）	定额	数量	金额（元）	定额	数量	金额（元）

4. 初编21-2表时，有哪些内容是可以填列的，哪些内容还不能填列，为什么？

5. 编制21-2表时，如何进行分项？

实训总结

实训二　编制材料预算单价计算表(22表)

一、实训目的与要求

(1)掌握材料运杂费的构成及单位运费的计算。

(2)明确材料预算单价的构成。

(3)明确表中所列材料种类的来源。

(4)掌握场外运输损耗和采购及保管费的费率取用。

二、实训方法与步骤

(1)将预算21-2表中全部涉及材料的代号、规格名称及单位抄录至22表相应位置。

(2)根据各种材料的产地收集材料的原价并填入表中原价栏(可按各省、自治区、直辖市工程造价主管部门发布的最新材料价格信息填写)。

(3)材料供应地点、运输方式比重及运距在施工组织设计中找到相关资料并填入表中,毛重系数或单位毛重在《编制办法》第10页表3.1.2-1中查找,将运杂费构成说明或计算方法填入表中,并将计算结果填在单位运费栏中。

(4)原价运费合计为材料原价加单位运费。

(5)场外运输损耗的费率在《编制办法》第10页表3.1.2-2中查找,场外运输损耗费用由原价运费合计乘以场外运输损耗费率计算得出。

(6)采购及保管费费率按《编制办法》第10页中所列情况,根据材料种类不同而取值,采购及保管费用以材料原价加上运杂费,再加上场外运输损耗的合计为基数,乘以采购保管费费率计算得到。

(7)材料预算单价为材料原价加上单位运杂费,再加上场外运输损耗和采购及保管费。

三、注意事项

(1)材料预算单价将用于21-2表中各种材料费用的计算,所以首先要保证在21-2表中涉及的所有的材料名称全部列出,而且按照材料代号由小到大的顺序排列,否则在复编21-2表时将会有材料找不到单价。

(2)要特别注意材料预算单价计算的准确性,如计算失误将影响整个工程造价的准确性。

(3)要进行材料产地及相关资料的调查,确定材料的原价。

(4)运杂费由供应地点、运输方式、运距及运输的比重等条件综合定出,要核对其计算式的正确性。

(5)要注意场外运输损耗和采购保管费的计算基数是不同的,并且并不是所有的材料都有场外运输损耗和采购保管费,对于不涉及这两项费用的材料,该栏目为空白。

四、实训范例

将实训项目中材料预算单价计算表(22表)取第1页(表2-5)作为范例(该项目22表共6页)。

五、上交资料

每人上交实训报告一份。

表 2-5　材料预算单价计算表

建设项目名称：县道 X636 西支线连城桥（上行）危桥改造工程

编制范围：县道 X636 西支线连城桥（上行）危桥改造工程　　　　第 1 页　共 6 页　　　　22 表

代号	规格名称	单位	原价（元）	运杂费					原价运费合计（元）	场外运输损耗		采购及保管费		预算单价（元）
				供应地点	运输方式、比重及运距（km）	毛质量系数或单位毛质量	运杂费构成说明或计算式	单位运费（元）		费率（%）	金额（元）	费率（%）	金额（元）	
5505025	花岗岩	m^3	1 067.960	吉林天岗—工地	汽车、1.0、155.0	1.000 000	（0.48 × 155.0+2.02 × 1.0）× 1 × 1	76.420	1 144.38			2.060	23.574	1 167.950
6007021	矩形标志牌	个	344.830		汽车、1.0、0.0				344.83					344.830
6007020	圆形标志牌	个	129.310		汽车、1.0、0.0				129.31					129.310
6007022	路拦	片	517.240		汽车、1.0、0.0				517.24					517.240
6007023	锥形交通标志	个	56.030		汽车、1.0、0.0				56.03					56.030
6003010	GQF-Z80 型伸缩缝	m	1 769.910	辽源市—工地	汽车、1.0、10.0	1.000 000	（0.48 × 10.0+2.02 × 1.0+1.38）× 1 × 1	8.200	1 778.11			2.060	36.629	1 814.740
5009008	热熔涂料	kg	3.020	辽源市—工地	汽车、1.0、10.0	0.001 000	（0.67 × 10.0+2.02 × 1.0+1.38）× 1 × 0.001	0.010	3.03			2.060	0.062	3.090
6007003	反光玻璃珠	kg	2.540	辽源市—工地	汽车、1.0、10.0	0.001 000	（0.67 × 10.0+2.02 × 1.0+1.38）× 1 × 0.001	0.010	2.55			2.060	0.053	2.600
5509001	32.5 级水泥	t	370.690	辽源金刚水泥厂—工地	汽车、1.0、25.0	1.010 000	（0.48 × 25.0+2.02 × 1.0+0.45）× 1 × 1.01	14.610	385.30	1.000	3.853	2.060	8.017	397.170
3003002	汽油	kg	8.080	当地—工地	汽车、1.0、10.0	0.001 170	（0.67 × 10.0+1.38）× 1 × 0.001 17	0.010	8.09			3.260	0.264	8.350
3003002	汽油	kg	8.080	当地—工地	汽车、1.0、10.0	0.001 000	（0.67 × 10.0+1.38）× 1 × 0.001	0.010	8.09			3.260	0.264	8.350
5503005	中（粗）砂	m^3	70.000	辽宁省西丰县振兴砂场—工地	汽车、1.0、50.0	1.500 000	（0.45 × 50.0+2.02 × 1.0）× 1 × 1.5	36.780	106.78	2.500	2.670	2.670	2.922	112.370
2006006	三横梁	t	5 946.910	辽源市—工地	汽车、1.0、10.0	1.000 000	（0.48 × 10.0+2.02 × 1.0+1.38）× 1 × 1	8.200	5 955.11			2.060	122.675	6 077.790

续表

代号	规格名称	单位	原价（元）	运杂费					原价运费合计（元）	场外运输损耗		采购及保管费		预算单价（元）
				供应地点	运输方式、比重及运距（km）	毛质量系数或单位毛质量	运杂费构成说明或计算式	单位运费（元）		费率（%）	金额（元）	费率（%）	金额（元）	
2001001	HPB300 钢筋	t	3 405.170	辽源市—工地	汽车、1.0、10.0	1.000 000	（0.48×10.0+2.02×1.0+1.38）×1×1	8.200	3 413.37			0.750	25.600	3 438.970
2001002	HRB400 钢筋	t	3 357.760	辽源市—工地	汽车、1.0、10.0	1.000 000	（0.48×10.0+2.02×1.0+1.38）×1×1	8.200	3 365.96			0.750	25.245	3 391.200
2001008	钢绞线	t	4 603.450	辽源市—工地	汽车、1.0、10.0	1.000 000	（0.48×10.0+2.02×1.0+1.38）×1×1	8.200	4 611.65			0.750	34.587	4 646.240
2001019	钢丝绳	t	6 206.900	辽源市—工地	汽车、1.0、10.0	1.000 000	（0.48×10.0+2.02×1.0+1.38）×1×1	8.200	6 215.10			0.750	46.613	6 261.710
2001021	8~12 号铁丝	kg	3.620	辽源市—工地	汽车、1.0、10.0	0.001 000	（0.48×10.0+2.02×1.0+1.38）×1×0.001	0.010	3.63			2.060	0.075	3.700

编制：　　　　复核：

实训报告

日期：　　　　　班级：　　　　　组别：　　　　　姓名：　　　　　学号：

实训任务	编制材料预算单价计算表（22 表）	成绩	
实训目的	通过此次实训，使学生熟悉材料运杂费的构成及单位运费的计算；掌握材料预算单价的构成和计算；能正确查用材料场外运输损耗和采购及保管费费率。		
实训内容	1. 材料预算单价包括哪几部分费用？ 2. 如何计算场外运输损耗？		

续表

实训内容

3. 计算表 2-6 空白栏目处的数值。

表 2-6　填制材料预算单价计算表

序号	规格名称	单位	原价（元）	运杂费	原价运费合计（元）	场外运输损耗		采购及保管费		预算单价（元）
				单位运费（元）		费率（%）	金额（元）	费率（%）	金额（元）	
5503009	天然级配	m^3	70.000	25.260		1.000		2.06		
5501003	黏土	m^3	14.560	12.920		3.000		2.06		
5505005	片石	m^3	70.000	25.790				2.06		
5501009	粉煤灰	m^3	20.843	18.970		3.000		2.06		
5503013	矿粉	t	182.564	20.400		3.000		2.06		
5505012	碎石（2 cm）	m^3	80.000	21.260		1.000		2.06		
5505013	碎石（4 cm）	m^3	80.000	21.260		1.000		2.06		
5505014	碎石（6 cm）	m^3	80.000	21.260		1.000		2.06		
5505015	碎石（8 cm）	m^3	80.000	21.260		1.000		2.06		
5505016	碎石	m^3	80.000	21.260		1.000		2.06		

4. 如何计算采购及保管费费率?

实训总结

实训三　编制机械台班单价计算表(24表)

一、实训目的与要求

(1)掌握机械台班单价的构成。

(2)明确可变费用的构成及计算方法。

(3)掌握不变费用的计算。

二、实训方法与步骤

(1)将预算21-2表中涉及的所有机械种类的机械代号及规格名称抄录至24表中代号栏和机械名称栏。

(2)在机械台班费用定额中按各种机械的代号可以找到该机械的台班费用定额,机械的台班费用定额包括不变费用和可变费用两大部分。

(3)将机械的不变费用定额值直接抄录到表中不变费用的定额栏,如施工所在地属于需调整的地区,找到该地区的调整系数并填入表中调整系数栏内,然后用定额值乘以调整系数得出调整值并填入表中调整值栏,如该地区不属于需调整的地区,则令调整系数为1,即调整值等于定额值。

(4)将机械台班费用定额中机械的可变费用各栏的定额数值填入24表中可变费用的定额栏中,可变费用中人工及动力燃料的单价由材料预算单价计算表(22表)查出并填入24表中相应位置,人工及动力燃料的金额由该项定额值乘以该项单价得出。

(5)可变费用的合计栏由可变费用各项金额累加得出。

(6)机械台班单价栏由不变费用的调整值与可变费用合计后得出。

三、注意事项

(1)机械台班单价将用于21-2表中各种机械费用的计算,首先要保证在21-2表中涉及的所有的机械名称都要列出,此时应注意机械的种类及规格名称的填列应按照代号由小到大的顺序排列。

(2)要特别注意机械台班单价计算的准确性,如计算失误将影响整个造价的准确性。

(3)不变费用的调整系数要根据工程所在地确定,在机械台班费用定额中可以找到。

(4)注意这里用到的是机械台班费用定额中各项人工及动力燃料的消耗值(即定额值),由各项消耗数值乘以工程所在地各项单价得出该种机械的台班单价,而不是使用台班费用定额中直接给出的台班单价。

四、实训范例

将实训项目中机械台班单价计算表（24 表）取第 1 页（表 2-7）作为范例（该项目 24 表共 5 页）。

五、上交资料

每人上交实训报告一份。

表 2-7　施工机械台班单价计算表

建设项目名称：县道 X636 西支线连城桥（上行）危桥改造工程

编制范围：县道 X636 西支线连城桥（上行）危桥改造工程　　　　第 1 页　共 5 页　　　　24 表

序号	代号	机械名称	台班单价（元）	不变费用（元）		可变费用（元）																车船税	合计
				调整系数		机械工		重油		汽油		柴油		煤		电		水		木柴			
				1.0		105.49 元/工日		2.77 元/kg		8.35 元/kg		6.98 元/kg		--元/t		0.82 元/（kW·h）		--元/m³		--元/kg			
				定额	调整值	定额	费用	定额	费用	定额	费用	定额	费用	定额	费用	定额	费用	定额	费用	定额	费用		
1	8003070	含热熔釜标线车 BJ-130、油抹器动力等热熔标线设备	743.95	152.630	152.63	2.000	210.98			45.430	379.34											1.00	591.32
2	8007021	1.5 t 双排座客货汽车	340.92	68.430	68.43	1.000	105.49			20.000	167.00												272.49
3	8007003	4 t 以内载货汽车	451.50	58.290	58.29	1.000	105.49			34.280	286.24											1.48	393.21
4	8001002	功率 75 kW 以内履带式推土机	857.34	262.670	262.67	2.000	210.98					54.970	383.69										594.67
5	8001006	功率 135 kW 以内履带式推土机	1 558.64	658.460	658.46	2.000	210.98					98.060	684.46									4.74	900.18
6	8001030	斗容量 2.0 m³ 履带式单斗挖掘机	1 457.36	604.710	604.71	2.000	210.98					91.930	641.67										852.65
7	8001035	斗容量 1.0 m³ 履带式单斗挖掘机	1 020.86	358.340	358.34	2.000	210.98					64.690	451.54										662.52

续表

序号	代号	机械名称	台班单价（元）	不变费用（元）		可变费用（元）																	
				调整系数		机械工		重油		汽油		柴油		煤		电		水		木柴		车船税	合计
				1.0		105.49 元/工日		2.77 元/kg		8.35 元/kg		6.98 元/kg		--元/t		0.82 元/（kW·h）		--元/m³		--元/kg			
				定额	调整值	定额	费用	定额	费用	定额	费用	定额	费用	定额	费用	定额	费用	定额	费用	定额	费用		
8	8001037	斗容量 2.0 m³ 履带式单斗挖掘机	1 597.66	745.010	745.01	2.000	210.98					91.930	641.67										852.65
9	8001045	斗容量 1.0 m³ 轮胎式装载机	563.52	114.160	114.16	1.000	105.49					49.030	342.23									1.64	449.36
10	8001047	斗容量 2.0 m³ 轮胎式装载机	945.23	188.380	188.38	1.000	105.49					92.860	648.16									3.20	756.85
11	8001049	斗容量 3.0 m³ 轮胎式装载机	1 200.16	286.790	286.79	1.000	105.49					115.150	803.75									4.13	913.37
12	8001058	功率 120 kW 以内平地机	1 153.47	365.130	365.13	2.000	210.98					82.130	573.27									4.09	788.34
13	8001078	机械自身质量 6~8 t 光轮压路机	351.40	111.890	111.89	1.000	105.49					19.200	134.02										239.51
14	8001080	机械自身质量 10~12 t 光轮压路机	496.49	156.470	156.47	1.000	105.49					33.600	234.53										340.02

编制： 复核：

实训报告

日期：　　　　班级：　　　　组别：　　　　姓名：　　　　学号：

实训任务	编制机械台班单价计算表(24 表)	成绩	
实训目的	通过此次实训，使学生掌握机械台班单价的构成，知道不变费用和可变费用的构成及计算方法。		
实训内容	1. 机械台班单价包括哪几部分费用？ 2. 如何计算机械台班单价中的可变费用？ 3. 何谓不变费用，调整系数如何应用？如何计算不变费用？		

续表

实训任务	编制机械台班单价计算表（24 表）	成绩	

实训内容

4. 在表 2-8 的空白处计算并填入数值。

表 2-8　填制机械台班单价计算表

代号	机械规格名称	台班单价（元）	不变费用（元）		可变费用（元）						
			调整系数		机械工		汽油		柴油		合计
			1.0		105.49 元/工日		8.35 元/kg		6.98 元/kg		
			定额	调整值	定额	费用	定额	费用	定额	费用	
8007009	15 t 以内载货汽车										
8007012	5 t 以内自卸汽车										
8007016	12 t 以内自卸汽车										
8007024	20 t 以内平板拖车组										
8007040	4 000 L 以内洒水汽车										
8007041	6 000 L 以内洒水汽车										
8007046	1.0 t 以内机动翻斗车										
8007054	9 kW 手扶式拖拉机										
8009002	15 t 以内履带式起重机										
8009018	8 t 以内轮胎式起重机										

5. 如何计算机械台班单价？

实训总结

实训四 编制人工、材料、施工机械台班单价汇总表（09 表）

一、实训目的与要求

（1）了解编制人工、材料、施工机械台班单价汇总表的目的。

（2）明确人工、材料、施工机械名称的来源。

二、实训方法与步骤

（1）将人工和机械工填入第一横行的名称栏，将单位、代号及单价填入相应位置。若各省交通运输厅已给出人工工日单价，则可直接采用。

（2）从 09 表第三行开始，将材料预算单价计算表（22 表）中所列出的所有材料的名称填入，单位、代号及预算单价从 22 表中直接抄录。

（3）将施工机械台班单价计算表（24 表）中所列出的所有机械的名称填入材料后面，单位、代号及预算单价从 24 表直接抄录。若采用各省交通运输厅编制的机械台班单价时可直接填入本表。

（4）代号栏按《预算定额》附录四、《公路工程机械台班费用定额》代号填列。

三、注意事项

（1）本表是将前面计算好的 22 表及 24 表做一个单价的汇总，方便后面详细编制 21-2 表时单价的录入，所以只需将前面两表的计算结果转入，并不需要进行计算，在人工、材料、施工机械台班单价转入的过程中注意不要漏项。

（2）本表必须按项目所发生的人工、材料、施工机械的代号按由小到大的顺序填列。

四、实训范例

将实训项目中人工、材料、施工机械台班单价汇总表（09 表）取第 1 页（表 2-9）作为范例（该项目 09 表共 5 页）。

五、上交资料

每人上交实训报告一份。

表 2-9　人工、材料、施工机械台班单价汇总表

建设项目名称：县道 X636 西支线连城桥(上行)危桥改造工程

编制范围：县道 X636 西支线连城桥(上行)危桥改造工程　　　　第 1 页　共 5 页　　　09 表

序号	名称	单位	代号	预算单价(元)	备注	序号	名称	单位	代号	预算单价(元)	备注
1	人工	工日	1001001	105.49		19	钢绞线(普通,无松弛)	t	2001008	4 646.24	
2	机械工	工日	1051001	105.49		20	钢丝绳股 6-7×19,绳径 7.1~9 mm;股丝 6×37,绳径 14.1~15.5 mm	t	2001019	6 261.71	
3	花岗岩	m^3	5505025	1 167.95		21	8~12 号铁丝(镀锌铁丝)	kg	2001021	3.70	
4	矩形标志牌	个	6007021	344.83		22	20~22 号铁丝(镀锌铁丝)	kg	2001022	3.97	
5	圆形标志牌	个	6007020	129.31		23	铁丝编织网镀锌铁丝(包括加强钢丝、花篮螺钉)	m^2	2001026	18.94	
6	路拦	片	6007022	517.24		24	型钢(工字钢,角钢)	t	2003004	3 625.71	
7	锥形交通标	个	6007023	56.03		25	钢板(A3,δ=5~40 mm)	t	2003005	3 708.21	
8	GQF-Z80 型伸缩缝	m	6003010	1 814.74		26	钢管(无缝钢管)	t	2003008	4 594.12	
9	热熔涂料	kg	5009008	3.09		27	钢管立柱	t	2003015	6 261.71	
10	反光玻璃珠	kg	6007003	2.60		28	钢板桩(混合规格)	t	2003020	5 914.30	
11	32.5 级水泥	t	5509001	397.17		29	钢管桩直径 219~2440 mm,壁厚 5~20 mm	t	2003021	5 914.30	
12	汽油 93 号	kg	3003002	8.35		30	钢护筒	t	2003022	6 088.00	
13	汽油	kg	3003002	8.35		31	钢模板(各类定型大块钢模板)	t	2003025	5 914.30	
14	中(粗)砂	m^3	5503005	112.37		32	组合钢模板	t	2003026	5 653.74	
15	其他材料费	元	7801001	1.00		33	安全爬梯	t	2003028	8 119.08	
16	三横梁	t	2006006	6 077.79		34	铸铁	kg	2003040	3.80	
17	HPB300 钢筋	t	2001001	3 438.97		35	铁皮(26 号镀锌铁皮)	m^2	2003044	18.51	
18	HRB400 钢筋	t	2001002	3 391.20		36	钢钎 Φ=22~25 mm,32 mm	kg	2009002	5.55	

编制：　　　　　　　　　　复核：

实训报告

日期：　　　　班级：　　　　组别：　　　　姓名：　　　　学号：

实训任务	编制人工、材料、机械台班单价汇总表(09表)	成绩	
实训目的	通过此次实训,使学生知道人工、材料、施工机械台班单价的来源,明确编制人工、材料、施工机械台班单价汇总表的目的。		
实训内容	1. 人工单价从何而来? 2. 材料的种类名称及单价从何而来? 3. 机械台班的种类名称及单价从何而来?		
实训总结			

实训五　编制综合费率计算表(04表)

一、实训目的与要求

(1)明确措施费的构成。

(2)掌握措施费各项费率的取用。

(3)明确企业管理费及规费的构成。

(4)掌握企业管理费及规费各项费率的取用。

二、实训方法与步骤

(1)将措施费、企业管理费及规费的工程类别填入表中,共10项,具体可见《编制办法》第11~12页。

(2)冬季施工增加费费率首先根据工程地点按《编制办法》附录D查取气温区划,然后根据工程类别查《编制办法》第12~13页表3.1.6-1取用。

(3)雨季施工增加费费率首先根据工程地点按《编制办法》附录E查取雨量区及雨季期月数,然后根据工程类别查《编制办法》第13~14页表3.1.6-2取用。

(4)夜间施工增加费费率根据工程类别按《编制办法》第14页表3.1.6-3取用。

(5)高原地区施工增加费费率根据施工所在地的海拔高度及工程类别查《编制办法》第14页表3.1.6-4取用。

(6)风沙地区施工增加费费率首先根据工程地点按《编制办法》附录F查取风沙地区区划,然后根据工程类别查《编制办法》第15页表3.1.6-5取用。

(7)沿海地区施工增加费费率根据工程类别查《编制办法》15页表3.1.6-6取用。

(8)行车干扰工程施工增加费费率根据施工期间平均每昼夜双向行车次数(机动车、非机动车合计)及工程类别查《编制办法》第15~16页表3.1.6-7取用。

(9)施工辅助费费率根据工程类别查《编制办法》第16页表3.1.6-8取用。

(10)工地转移费费率根据工地转移的距离及工程类别查《编制办法》第17页表3.1.6-9取用。

(11)综合费率Ⅰ为冬季施工增加费费率、雨季施工增加费费率、夜间施工增加费费率、高原地区施工增加费费率、风沙地区施工增加费费率、沿海地区施工增加费费率、行车干扰工程施工增加费费率及工地转移费费率之和。综合费率Ⅱ为施工辅助费费率。

(12)基本费用费率根据工程类别查《编制办法》第18页表3.1.7-1取用。

(13)主副食运费补贴费率根据综合里程及工程类别查《编制办法》第18~19页表

3.1.7-2 取用。

(14)职工探亲路费费率根据工程类别查《编制办法》第 19 页表 3.1.7-3 取用。企业管理费综合费率为基本费用费率、主副食运费补贴费率、职工探亲路费费率、职工取暖补贴费费率及财务费用费率之和。

(15)职工取暖补贴费费率根据工程所在地的冬季气温区(见《编制办法》附录 D)及工程类别查《编制办法》第 19 页表 3.1.7-4 取用。

(16)财务费用费率根据工程类别查《编制办法》第 19~20 页表 3.1.7-5 取用。企业管理费综合费率为基本费用费率、主副食运费补贴费率、职工探亲路费费率、职工取暖补贴费费率及财务费用费率之和。

(17)规费中的综合费率为养老保险费费率、失业保险费费率、医疗保险费费率、工伤保险费费率、住房公积金费率之和。

三、注意事项

(1)措施费、企业管理费及规费各项费用的费率根据工程所在地取用,并不是每项费率一定有数值,如该项费率无数值,说明不需计算该项费用,在表中相应的费率位置为空白。

(2)规费中的养老保险费、失业保险费、医疗保险费、工伤保险费、住房公积金的费率按国家或工程所在地的法律、法规、规章、规程及规定的标准取用。

四、实训范例

将实训项目中综合费率计算表(04 表)取第 1 页(表 2-10)作为范例(该项目 04 表共 1 页)。

五、上交资料

每人上交实训报告一份。

表 2-10　综合费率计算表

建设项目名称：县道 X636 西支线连城桥（上行）危桥改造工程

编制范围：县道 X636 西支线连城桥（上行）危桥改造工程　　　　第 1 页　共 1 页　　　　04 表

序号	工程类别	措施费费率（%）											企业管理费费率（%）						规费费率（%）					
		冬季施工增加费	雨季施工增加费	夜间施工增加费	高原地区施工增加费	风沙地区施工增加费	沿海地区施工增加费	行车干扰施工增加费	施工辅助费	工地转移费	综合费率		基本费用	主副食运费补贴	职工探亲路费	职工取暖补贴	财务费用	综合费率	养老保险费	失业保险费	医疗保险费	工伤保险费	住房公积金	综合费率
											Ⅰ	Ⅱ												
1	2	3	4	5	6	7	8	9	10	11	12	13	14	15	16	17	18	19	20	21	22	23	24	25
01	土方	6.09	0.25						0.52		6.34	0.52	2.75	0.13	0.19	0.44	0.27	3.78	16.00	0.70	6.70	1.00	8.00	32.40
02	石方	1.25	0.21						0.47		1.46	0.47	2.79	0.12	0.20	0.37	0.26	3.75	16.00	0.70	6.70	1.00	8.00	32.40
03	运输	1.17	0.25						0.15		1.41	0.15	1.37	0.13	0.13	0.44	0.26	2.34	16.00	0.70	6.70	1.00	8.00	32.40
04	路面	3.27	0.23						0.82		3.50	0.82	2.43	0.09	0.16	0.30	0.40	3.38	16.00	0.70	6.70	1.00	8.00	32.40
05	隧道	1.52							1.20		1.52	1.20	3.57	0.10	0.27	0.32	0.51	4.77	16.00	0.70	6.70	1.00	8.00	32.40
06	构造物Ⅰ	3.53	0.16						1.20		3.69	1.20	3.59	0.12	0.27	0.39	0.47	4.84	16.00	0.70	6.70	1.00	8.00	32.40
06-1	构造物Ⅰ（绿化）		0.16						1.20		0.16	1.20	3.59	0.12	0.27	0.39	0.47	4.84	16.00	0.70	6.70	1.00	8.00	32.40
07	构造物Ⅱ	4.69	0.18	0.90					1.54		5.77	1.54	4.73	0.14	0.35	0.48	0.55	6.24	16.00	0.70	6.70	1.00	8.00	32.40
08	构造物Ⅲ（一般）	8.68	0.37	1.70					2.73		10.75	2.73	5.98	0.25	0.55	0.85	1.09	8.72	16.00	0.70	6.70	1.00	8.00	32.40
08-1	构造物Ⅲ（室内）	8.68		1.70					2.73		10.38	2.73	5.98	0.25	0.55	0.85	1.09	8.72	16.00	0.70	6.70	1.00	8.00	32.40
08-2	构造物Ⅲ（桥梁）	8.68	0.37	1.70					2.73		10.75	2.73	5.98	0.25	0.55	0.85	1.09	8.72	16.00	0.70	6.70	1.00	8.00	32.40
08-3	构造物Ⅲ（设备安装）	8.68							2.73		8.68	2.73	5.98	0.25	0.55	0.85	1.09	8.72	16.00	0.70	6.70	1.00	8.00	32.40
09	技术复杂大桥	5.48	0.25	0.93					1.68		6.66	1.68	4.14	0.12	0.21	0.41	0.64	5.51	16.00	0.70	6.70	1.00	8.00	32.40
10	钢材及钢结构（一般）	0.38		0.87					0.56		1.26	0.56	2.24	0.11	0.16	0.29	0.65	3.47	16.00	0.70	6.70	1.00	8.00	32.40
10-1	钢材及钢结构（桥梁）	0.38		0.87					0.56		1.26	0.56	2.24	0.11	0.16	0.29	0.65	3.47	16.00	0.70	6.70	1.00	8.00	32.40
10-2	钢材及钢结构（金属标志牌等）	0.38							0.56		0.38	0.56	2.24	0.11	0.16	0.29	0.65	3.47	16.00	0.70	6.70	1.00	8.00	32.40

编制：　　　　　　　　　　　　复核：

实训报告

日期：　　　　班级：　　　　组别：　　　　姓名：　　　　学号：

实训任务	编制综合费率计算表(04表)	成绩	
实训目的	通过此次实训,使学生知道措施费、企业管理费及规费的构成;掌握措施费、企业管理费及规费各项费率的取用。		
实训内容	1. 措施费包括哪些费用?综合费率Ⅰ、Ⅱ如何进行计算? 2. 企业管理费及规费包括哪些费用? 3. 什么是辅助生产间接费?如何计算辅助生产高原地区施工增加费?		

续表

实训内容

4. 根据表 2-11 的数值计算措施费综合费率Ⅰ、Ⅱ并填入表中。

表 2-11　填入综合费率Ⅰ、Ⅱ

序号	工程类别	措施费费率(%)										
		冬季施工增加费	雨季施工增加费	夜间施工增加费	高原地区施工增加费	风沙地区施工增加费	沿海地区施工增加费	行车干扰施工增加费	施工辅助费	工地转移费	综合费率	
											Ⅰ	Ⅱ
1	2	3	4	5	6	7	8	9	12	13	14	15
01	土方	4.288	0.385					4.775	0.521			
02	石方	0.859	0.349					4.035	0.470			
03	运输	0.832	0.391					4.641	0.154			
04	路面	2.449	0.366					4.046	0.818			
05	隧道	1.175	—					—	1.195			
06	构造物Ⅰ	2.607	0.262					2.693	1.201			
07	构造物Ⅱ	3.452	0.282					2.915	1.537			
08	构造物Ⅲ	6.403	0.565					2.745	2.729			
09	技术复杂大桥	4.057	0.363	0.928				—	1.677			
10	钢材及钢结构	0.301	—	0.874				—	0.564			

5. 如何计算企业管理费综合费率?

实训总结

实训六　详细编制分项工程概(预)算表(21-2表)

一、实训目的与要求

1)明确详细编制21-2表时需要计算的内容。

2)掌握21-2表各栏目数值的计算方法和含义。

二、实训方法与步骤

(1)21-2表中所列各人工、材料、机械的单价由09表转入,用各项单价乘以定额和数量得出各项金额。

(2)表最右侧合计的数量栏由横向各数量值累加得出,合计的金额栏由横向各金额值累加得出。

(3)直接费为相应各个项目的人工、材料、机械的金额栏竖向累加得出。

(4)措施费综合费用Ⅰ为相应各个项目的定额人工费与定额施工机械使用费之和乘以措施费综合费率Ⅰ(措施费综合费率Ⅰ由04表转来);措施费综合费用Ⅱ为相应项目的定额直接费乘以措施费综合费率Ⅱ(措施费综合费率Ⅱ由04表转来)。

(5)企业管理费按相应项目的定额直接费之和乘以企业管理费综合费率计算(企业管理费综合费率由04表转来)。

(6)规费按相应项目的人工费之和乘以规费综合费率计算(规费综合费率由04表转来)。

(7)利润按相应项目的定额直接费、措施费及企业管理费之和的7.42%计算。税金按相应项目的直接费、设备购置费、措施费、企业管理费、规费及利润之和的10%计算。

(8)金额合计为直接费、措施费、企业管理费、规费、利润与税金之和。

三、注意事项

(1)直接费的计算结果直接填在各项目的金额栏中,定额栏和数量栏为空。

(2)措施费费率根据本项目的工程类别取用,如21-2表第8页,根据工程项目为架设输电线路,细目为架设输电线路,在04表工程类别构造物Ⅰ中找到相应费率,并分别将费率填入措施费Ⅰ、Ⅱ对应的数量栏中,再将相应的计算基数填入对应定额栏、将计算结果填入金额栏。注意措施费Ⅰ的计算基数是各类工程的定额人工费与定额施工机械使用费之和、措施费Ⅱ的计算基数是各类工程的定额直接费。

(3)企业管理费的综合费率在04表中按各项目的工程类别取用并填入对应的数量

栏中,然后将计算基数填入对应的定额栏中,最后将计算结果填入金额栏内。

(4)规费的综合费率在04表中按各项目的工程类别取用并填入对应的数量栏中,然后将计算基数填入对应的定额栏中,最后将计算结果填入金额栏内。

(5)21-2表下半部分的各项费用需计算最下侧和最右侧合计金额,合计数量不需计算,该栏数值为空。

四、实训范例

在实训项目中21-2表中取其中临时供电设施(21-2表的第8页)和拌和站(21-2表的第11页)共2页(见表2-12和表2-13)作为范例(该项目21-2表共132页)。

五、上交资料

每人上交实训报告一份。

表 2-12　分项工程预算表

建设项目名称：县道 X636 西支线连城桥（上行）危桥改造工程

分项编号：10104　　工程名称：临时供电设施　　单位：总额　　数量：1.0　　单价：43 836.11　　第 8 页　共 132 页　　21-2 表

代号	工程项目			架设输电线路									合计	
	工程细目			架设输电线路										
	定额单位			100 m										
	工程数量			5.000										
	定额表号			1136-7-1-5-1 改										
	工、料、机名称	单位	单价（元）	定额	数量	金额（元）	定额	数量	金额（元）	定额	数量	金额（元）	数量	金额（元）
1001001	人工	工日	105.49	4.500	5.000	2 373.53							22.500	2 373.53
2001021	8~12 号铁丝（镀锌铁丝）	kg	3.70	4.200	5.000	77.70							21.000	77.70
2003004	型钢（工字钢，角钢）	t	3 625.71	0.015	5.000	271.93							0.075	271.93
2003005	钢板（A3，δ=5~40 mm）	t	3 708.21	0.050	5.000	927.05							0.250	927.05
2009028	铁件	kg	3.97	11.500	5.000	228.28							57.500	228.28
5511002	钢筋混凝土电杆（7 m）	根	290.51	3.000	5.000	4 357.65							15.000	4 357.65
7001009	聚乙烯绝缘电力电缆规格 120/20	m	15.42	315.000	5.000	24 286.50							1 575.000	24 286.50
7801001	其他材料费	元	1.00	157.800	5.000	789.00							789.000	789.00
7901001	设备摊销费	元	1.00	310.525	5.000	1 552.63							1 552.625	1 552.63
9999001	定额基价	元	1.00	6 455.507	5.000	32 277.53							6 456.000	32 277.53
	直接费	元				34 864.26								34 864.26
	措施费 Ⅰ	元		2 391.300	3.691%	88.26								88.26
	措施费 Ⅱ	元		32 277.533	1.201%	387.65								387.65

续表

代号	工程项目			架设输电线路									合计	
	工程细目			架设输电线路										
	定额单位			100 m										
	工程数量			5.000										
	定额表号			1136-7-1-5-1 改										
	工、料、机名称	单位	单价（元）	定额	数量	金额（元）	定额	数量	金额（元）	定额	数量	金额（元）	数量	金额（元）
	企业管理费	元		32 277.533	4.837%	1 561.26								1 561.26
	规费	元		2 373.525	32.4%	769.02								769.02
	利润	元		34 314.717	7.42%	2 546.15								2 546.15
	税金	元		40 216.611	9.0%	3 619.50								3 619.50
	金额合计	元				43 836.11								43 836.11

编制：　　　　复核：

表 2-13　分项工程预算表

建设项目名称：县道 X636 西支线连城桥（上行）危桥改造工程

分项编号：10107　　工程名称：拌和站　　单位：座　　数量：1.0　　单价：121 979.05　　第 11 页　共 132 页　　21-2 表

代号	工程项目			混凝土拌和及运输									合计	
	工程细目			25 m³/h 以内混凝土搅拌站（楼）安拆										
	定额单位			1 座										
	工程数量			1.000										
	定额表号			909-4-11-11-8										
	工、料、机名称	单位	单价（元）	定额	数量	金额（元）	定额	数量	金额（元）	定额	数量	金额（元）	数量	金额（元）
1001001	人工	工日	105.49	342.400	1.000	36 119.78							342.400	36 119.78
2003004	型钢（工字钢，角钢）	t	3 625.71	0.035	1.000	126.90							0.035	126.90
2003026	组合钢模板	t	5 653.74	0.075	1.000	424.03							0.075	424.03
2009028	铁件	kg	3.97	28.940	1.000	114.89							28.940	114.89
3005004	水	m^3	0.39	217.000	1.000	84.63							217.000	84.63
4003002	锯材中板 δ=19~35 mm	m^3	1 397.17	0.010	1.000	13.97							0.010	13.97
5503005	中（粗）砂混凝土、砂浆用堆方	m^3	111.67	51.170	1.000	5 714.15							51.170	5 714.15
5505013	碎石（4 cm）最大粒径 4 cm 堆方	m^3	94.65	25.860	1.000	2 447.65							25.860	2 447.65
5507003	青（红）砖 240 mm × 115 mm × 53 mm	千块	328.59	73.520	1.000	24 157.94							73.520	24 157.94
5509001	32.5 级水泥	t	397.17	19.276	1.000	7 655.85							19.276	7 655.85
7801001	其他材料费	元	1.00	81.900	1.000	81.90							81.900	81.90
8005002	出料容量 250 L 以内强制式混凝土搅拌机 JD250	台班	175.44	2.580	1.000	452.64							2.580	452.64

续表

代号	工程项目			混凝土拌和及运输									合计	
	工程细目			25 m³/h 以内混凝土搅拌站（楼）安拆										
	定额单位			1 座										
	工程数量			1.000										
	定额表号			909-4-11-11-8										
	工、料、机名称	单位	单价（元）	定额	数量	金额（元）	定额	数量	金额（元）	定额	数量	金额（元）	数量	金额（元）
8007003	装载质量 4 t 以内载货汽车 CA10B	台班	472.85	3.800	1.000	1 796.83							3.800	1 796.83
8009027	提升质量 12 t 以内汽车式起重机 QY12	台班	837.35	0.800	1.000	669.88							0.800	669.88
8009029	提升质量 20 t 以内汽车式起重机 QY20	台班	1 196.62	3.050	1.000	3 649.69							3.050	3 649.69
8099001	小型机具使用费	元	1.00	23.100	1.000	23.10							23.100	23.10
9999001	定额基价	元	1.00	85 719.578	1.000	85 719.58							85 720.000	85 719.58
	直接费	元				83 533.82								83 533.82
	措施费 I			43 023.817	5.773%	2 483.76								2 483.77
	措施费 II	元		85 719.578	1.537%	1 317.51								1 317.51
	企业管理费	元		85 719.578	6.24%	5 348.90								5 348.90
	规费	元		37 605.074	32.4%	12 184.04								12 184.04
	利润	元		94 869.757	7.42%	7 039.34								7 039.34
	税金	元		111 907.378	9.0%	10 071.66								10 071.66
	金额合计	元				121 979.05								121 979.05

编制：　　　　复核：

实训报告

日期：　　　　班级：　　　　组别：　　　　姓名：　　　　学号：

实训任务	详细编制分项工程概（预）算表（21-2 表）	成绩	
实训目的	通过此次实训，使学生能明确详细编制 21-2 表的步骤和编制时需注意的问题；同时应掌握 21-2 表各栏目数值的具体计算方法。		
实训内容	1. 措施费Ⅰ、Ⅱ如何进行计算，费率如何取用？ 2. 企业管理费及规费如何计算？ 3. 利润及税金如何计算？如何计算定额直接费？		

续表

	实训内容

4. 表 2-14 为已经初步编制的 21-2 表，现将工、料、机的单价在表中给出，请将表中未完成的部分完成。

表 2-14　填制 21-2 表

代号	工　程　项　目			路面垫层						合　计	
	工　程　细　目			路面垫层机械铺砂砾（压实厚度 20 cm）							
	定　额　单　位			1 000 m²							
	工　程　数　量			0.523							
	定　额　表　号			166-2-1-1-12 改							
	工、料、机名称	单位	单价（元）	定额	数量	金额（元）				数量	金额（元）
1001001	人工	工日	105.49	0.500	0.523	27.59					
5503007	砂砾堆方	m³	115.09	255.000	0.523	15 348.98					
8001058	功率 120 kW 以内平地机 F155	台班	1 153.47	0.220	0.523	132.72					
8001081	机械自身质量 12~15 t 光轮压路机 3Y-12/15	台班	567.90	0.230	0.523	68.31					
8001083	机械自身质量 18~21 t 光轮压路机 3Y-18/21	台班	724.91	0.330	0.523	125.11					
8007043	容量 10 000 L 以内洒水汽车 YGJ5170GSSJN	台班	1 082.64	0.240	0.523	135.89					
9999001	定额基价	元	1.00	12 846.329	0.523	6 718.63					
	直接费	元				15 838.60					
	措施费 I	元	503.821	3.503%	17.65	862.004					
	措施费 II	元	6 718.630	0.818%	54.96	862.004					
	企业管理费	元		6 718.630	3.38%	227.09					
	规费	元		95.997	32.4%	31.10					
	利润	元		7 018.329	7.42%	520.76					
	税金	元		16 690.156	9.0%	1 502.11					
	金额合计	元				18 192.27					

实训总结	

实训七　编制专项费用计算表(06表)

一、实训目的与要求

(1)知道专项费用的构成。

(2)熟悉施工场地建设费的内容及计算方法。

(3)掌握安全生产费的内容及计算方法。

(4)会填写06表中的说明及计算式。

二、实训方法与步骤

(1)06表应根据施工组织设计和外业调查资料(包括协议书)以及有关的政策性文件规定编制。

(2)06表应按《编制办法》规定的项目专项费用项目填写。

(3)在06表的说明及计算式栏内填写需要说明的内容及计算式。

(4)施工场地建设费计费基数为定额直接费、定额设备购置费的40%、措施费、企业管理费、规费、利润及税金之和。

(5)施工场地建设费以施工场地计费基数,按相应的费率以累进方法计算。

(6)安全生产费计费基数为直接费、设备购置费、措施费、企业管理费、规费、利润、税金及施工场地建设费之和。

三、注意事项

(1)山岭重丘的土石方工程的施工场地建设费需要单独计算。

(2)施工场地内的场地硬化、各种临时便道已包含在费率中,不单独计算。

(3)施工场地的厂房、加工棚等已含在费率中,不单独计算。

(4)编制概预算时,施工场地建设费单独计列,分项工程费中不再计取。

(5)编制概预算时,安全生产费单独计列,分项工程费中不再计取。

(6)安全生产费费率按不少于1.5%计取。

四、实训范例

将实训项目中专项费用计算表(06表)取第1页(表2-15)作为范例(该项目06表共1页)。

五、上交资料

每人上交实训报告一份。

表 2-15　专项费用计算表

建设项目名称:县道 X636 西支线连城桥(上行)危桥改造工程

编制范围:县道 X636 西支线连城桥(上行)危桥改造工程　　第 1 页　共 1 页　　06 表

序号	工程或费用名称	说明及计算式	金额(元)	备注
11001	施工场地建设费	{部颁 2018 施工场地建设费}	455 213	455 212.97
11002	安全生产费	建安工程费 ×1.5%	154 040	10 423 356.56 × 1.5%

编制:　　　　　　　　　　　　　　复核:

实训报告

日期：　　　　班级：　　　　组别：　　　　姓名：　　　　学号：

<table>
<tr><td>实训任务</td><td>编制专项费用计算表(06 表)</td><td>成绩</td><td></td></tr>
<tr><td>实训目的</td><td colspan="3">通过此次实训,使学生知道专项费用的组成;熟悉施工场地建设费和安全生产费的内容及计算方法;能正确填写 06 表中的说明及计算式。</td></tr>
<tr><td>实训内容</td><td colspan="3">1. 施工场地建设费如何进行计算,费率如何取用?

2. 安全生产费包括哪些内容?

3. 安全生产费如何进行计算,费率如何取用?</td></tr>
</table>

续表

<table>
<tr><td>实训内容</td><td>4. 某工程建设项目的人工费为 1 380 000 元,定额人工费为 1 225 680 元,材料费为 26 000 000 元,定额材料费为 15 800 000 元,机械使用费为 2 500 000 元,定额机械使用费为 1 900 000 元,定额设备购置费为 1 200 000 元,措施费为 156 751 元,企业管理费为 886 250 元,规费为 155 640 元,利润为 866 450 元,税金为 788 900 元,试求该工程项目的专项费用。</td></tr>
<tr><td>实训总结</td><td></td></tr>
</table>

实训八　编制建筑安装工程费计算表(03表)

一、实训目的与要求

(1)明确建筑安装工程费的组成。

(2)掌握各项费用的计算方法及数据来源。

二、实训方法与步骤

(1)03表中分项编号、工程名称、单位栏按《编制办法》概预算项目表(附录B)的分项编号、工程或费用名称、单位填列,工程量由设计文件和施工组织设计得来。

(2)03表中的定额直接费根据21-2表中的人工消耗量、材料消耗量、机械台班消耗量分别乘以相应的人工基价、材料基价、机械台班基价相加得到,其中,人工基价、材料基价由《预算定额》定额人工、材料、设备单价表(附录四)查取;机械台班基价由《公路工程机械台班费用定额》定额基价查取。

(3)03表中定额设备购置费、设备购置费由设备费计算表(05表)根据具体的设备购置清单计算得到。

(4)人工费、材料费、施工机械使用费栏由21-2表计算得来,如本项目03表第14行架设输电线路的人工费由本项目21-2表第8页(实训六中分项工程预算表第8页)最右侧第1横行人工的金额合计得来;材料费为本项目21-2表第8页(实训六中分项工程预算表第8页)中2~9横行八种材料(包括其他材料费、设备摊销费)的金额合计累加得来;机械使用费无。03表中直接费合计栏为人工费、材料费、施工机械使用费三栏合计得到。

(5)03表中措施费由21-2表计算得来,方法同上。

(6)03表中企业管理费由21-2表计算得来,方法同上。

(7)03表中规费由21-2表计算得来,方法同上。

(8)03表中利润由21-2表计算得来,方法同上。

(9)03表中税金由21-2表计算得来,方法同上。

(10)03表中建筑安装工程费合计栏数值由直接费、设备购置费、措施费、企业管理费、规费、利润、税金及专项费用相加后得到。

(11)03表中建筑安装工程费单价为建筑安装工程费金额合计栏数值除以工程量栏数值得到。

三、注意事项

(1)要将21-2表中所有的工程项目名称都抄录过来,避免漏项。

(2)在计算直接费中的人工费、材料费、施工机械使用费时,均由21-2表转来,注意有些工程名称下的21-2表中的人工费、材料费、施工机械使用费可能不止一页,要将这一工程名称涉及的所有表中的人工费、材料费、施工机械使用费数值相累加。

四、实训范例

在本实训项目中建筑安装工程费计算表03表取第1页(见表2-16)作为范例(该项目03表共18页)。

五、上交资料

每人上交实训报告一份。

表 2-16　建筑安装工程费计算表

建设项目名称：县道 X636 西支线连城桥（上行）危桥改造工程

编制范围：县道 X636 西支线连城桥（上行）危桥改造工程　　第 1 页　共 18 页　　03 表

序号	编号	工程名称	单位	工程量	定额直接费（元）	定额设备购置费（元）	直接费（元）				设备购置费（元）	措施费（元）	企业管理费（元）	规费（元）	利润（元）	税金（元）	金额合计（元）	
							人工费	材料费	施工机械使用费	合计					费率 7.42%	税率 9.0%	合计	单价
1	2	3	4	5	6	7	8	9	10	11	12	13	14	15	16	17	18	19
1	分项编号 1010101	临时便道（修建、拆除与维护）	km	0.200	467 590		7 910	154 996	341 058	503 964		9 608	10 533	17 568	36 190	52 008	629 870	3 149 350.17
2	定额编号 13-1-1-9-9	斗容量 2.0 m³ 以内挖掘机挖装硬土	1 000 m³ 天然密实方	7.875	20 224		2824		16 871	19 695		1 387	764	1 706	1 660	2 269	27 482	3 489.83
3	定额编号 16-1-1-11-7	装载质量 12 t 以内自卸汽车运土 13 km	1 000 m³ 天然密实方	7.875	154 000				149 591	149 591		2 415	3 610	6 255	11 874	15 637	189 381	24 048.44
4	分项编号 1010102	土底钱	m³	7875.000	76 466			76 466		76 466					5 674	7 393	89 533	11.37
5	定额编号 30-1-1-18-10	三、四级公路填方路基，自身质量 10~12 t 光轮压路机碾压土方	1 000 m³ 压实方	7.875	26 824		1 745		24 300	26 045		1 840	1 013	2 110	2 202	2 989	36 200	4 596.77
6	定额编号 166-2-1-1-12	路面垫层机械铺砂砾（压实厚度 50 cm）	1 000 m²	1.050	33 313		138	77 038	1 923	79 100		347	1 126	136	2 581	7 496	90 786	86 463.12
7	定额编号 1129-7-1-1-8	汽车便道养护路基宽 4.5 m	1 km·月	1.200	1 458		190	1 492	474	2 155		43	71	108	117	224	2 716	2 263.73
8	定额编号 13-1-1-9-9	斗容量 2.0 m³ 以内挖掘机挖装硬土	1 000 m³ 天然密实方	8.400	21 573		3 013		17 995	21 008		1 480	815	1 820	1 771	2 420	29 315	3 489.83

续表

序号	分项编号	工程名称	单位	工程量	定额直接费（元）	定额设备购置费（元）	直接费（元）				设备购置费	措施费	企业管理费	规费	利润（元）	税金（元）	金额合计（元）	
							人工费	材料费	施工机械使用费	合计					费率（%）7.42%	税率（%）9.0%	合计	单价
9	定额编号 16-1-1-11-7	装载质量 12 t 以内自卸汽车运土 10 km	1 000 m^3 天然密实方	8.400	133 732				129 903	129 903		2 097	3 135	5 432	10 311	13 579	164 457	19 578.16
10	分项编号 1010201	临时便桥	m/座	40.000	61 641		11 794	45 406	1 936	59 135		1 251	2 982	4 167	4 888	6 518	78 941	1 973.52
11	定额编号 1130-7-1-2-1	简易汽车钢便桥	10 m	4.000	59 588		11 646	43 767	1 576	56 988		1 208	2 882	4 086	4 725	6 290	76 179	19 044.78
12	定额编号 1130-7-1-2-2	汽车便桥墩（桩长 10 m 以内）	1 座	1.000	2052		148	1 639	360	2 147		44	99	81	163	228	2 762	2 761.86
13	分项编号 10104	临时供电设施	总额	1.000	32 278		2 374	32 491		34 864		476	1 561	769	2 546	3 619	43 836	43 836.11
14	定额编号 1136-7-1-5-1	架设输电线路	100 m	5.000	32 278		2 374	32 491		34 864		476	1 561	769	2 546	3 619	43 836	8 767.22
15	分项编号 10106	临时安全设施	套	10.000	126 954		316	127 084	808	128 208		262	914	184	1 175	1 660	132 403	13 240.26
16	定额编号 借吉 15 普养营改增 7-2-1	施工标志牌	10 套	1.000	6 808		253	6 379	603	7 236		133	425	143	547	763	9 246	9 245.79

编制：　　　　复核：

实训报告

日期：　　　　班级：　　　　组别：　　　　姓名：　　　　学号：

实训任务	编制建筑安装工程费计算表(03 表)	成绩	
实训目的	通过此次实训,使学生掌握建筑安装工程费的组成;熟悉各项费用的计算方法及数据来源。		
实训内容	1. 定额直接费和直接工程费的区别? 2. 建筑安装工程费在 03 表中如何进行计算? 3.03 表中利润、税金如何计算?		

续表

实训内容

4. 表 2-17 为建筑安装工程费 03 表的一部分，请将表中未完成的部分完成。

表 2-17　填制建筑安装工程费 03 表

序号	工程名称	单位	工程量	定额直接费（元）	直接费（元）				措施费	企业管理费	规费	利润（元）	税金（元）	金额合计（元）	
					人工费	材料费	施工机械使用费	合计	费率 3.5%	费率 3.38%	费率 32.4%	费率 7.42%	税率 9.0%	合计	单价
1	2	3	4	5	6	7	8	9	10	11	12	13	14	15	16
65	路面垫层机械铺砂砾（压实厚度 20 cm）	1 000 m^2	0.523	6 719	28	15 349	462								
66	黏层	m^2	400.000	779		593	7								
67	石油沥青层黏层	1 000 m^2	0.400	779		593	7								
68	透层	m^2	441.000	1 545	9	1 252	52								
69	乳化沥青半刚性基层透层	1 000 m^2	0.441	1 545	9	1 252	52								
70	封层	m^2	441.000	2 098	126	1 582	108								
71	乳化沥青下封层（层铺法）	1 000 m^2	0.441	2 098	126	1 582	108								
72	培路肩（81 cm）	m^2	86.000	1 759	1 506		237								
73	培路肩	100 m^3	0.697	1 759	1 506		237								
74	人行道及路缘石	m	128.000	6 032	2 604	8 150	232								
75	花岗岩	10 m^3	0.428	1 827	1 300	5 118	0								
76	涵管基础混凝土垫层	10 m^3 实体	0.645	1 798	347	1 749									
77	涵管基础混凝土垫层	10 m^3 实体	0.043	112	23	107									
78	桥面人行道铺装水泥砂浆	10 m^3 实体	0.129	870	538	390									
79	平铺砖人行道	1 000 m^2	0.043	1 188	396	786									
80	运输能力 6 m^3 以内搅拌运输车运混凝土 13 km	100 m^3	0.070	236			232								
81	实体式	m^3	321.460	126 468	18 651	99 290	22 475								
82	实体式墩台混凝土基础（梁板式上部构造）	10 m^3 实体	32.146	111 351	18 651	99 290	7 632								

实训总结

实训九　编制土地使用及拆迁补偿费计算表（07 表）

一、实训目的与要求

（1）知道土地使用及拆迁补偿费费用的构成。

（2）熟悉永久占地费及临时占地费的内容及计算方法。

（3）掌握拆迁补偿费及水土保持补偿费的内容及计算方法。

（4）会填写 07 表中的说明及计算式。

二、实训方法与步骤

（1）07 表应根据施工组织设计和外业调查资料（包括协议书）以及有关的政策性文件规定编制。

（2）07 表应按具体发生的土地使用项目、临时占地项目、拆迁补偿项目、水土保持项目填写。

（3）在 07 表的说明及计算式栏内填写需要说明的内容及计算式。

（4）土地使用费应根据设计文件确定的建设工程用地和临时用地面积，以及实际发生的费用项目，按国家有关规定及工程所在地的省（自治区、直辖市）颁布的有关规定和标准计算。

（5）森林植被恢复费应根据审批单位批准的建设工程占用林地的类型及面积，按国家有关规定及工程所在地的省（自治区、直辖市）颁布的有关规定和标准计算。

（6）失地农民养老保险费按项目所在地省级人民政府的相关规定进行计算。

（7）拆迁补偿费应根据设计文件确定的建设工程用地和临时用地附着物的情况，以及实际发生的费用项目，按国家有关规定及工程所在地的省（自治区、直辖市）颁布的有关规定和标准计算。

（8）水土保持补偿费根据国家相关法律、法规规定缴纳。

三、注意事项

（1）当与原有的电力电信设施、管线、水利工程、铁路及铁路设施互相干扰时，应与有关部门联系，商定合理的解决方案和补偿金额，也可由这些部门按规定编制费用以确定土地补偿金额。

（2）07 表应按相应规定填写单位、数量、单价和金额。

(3)07表说明及计算式中应定明标准及计算式。

(4)子项下面有分项的,可以按顺序依次编号。

(5)需要说明和具体计算的费用项目,依次在说明及计算式栏内填写或计算。

四、实训范例

在实训项目中土地使用及拆迁补偿费计算表(07表)取第1页(表2-18)作为范例(该项目07表共1页)。

五、上交资料

每人上交实训报告一份。

表2-18　土地使用及拆迁补偿费计算表

建设项目名称:县道X636西支线连城桥(上行)危桥改造工程

编制范围:县道X636西支线连城桥(上行)危桥改造工程　　第1页　共1页　　07表

序号	费用名称	单位	数量	单价(元)	金额(元)	说明及计算式	备注
201	土地使用费	亩	4.800	5 167.00	24 801.60		
202	拆迁补偿费	公路公里	0.272	5 367 647.06	1 460 000.00		
203	其他补偿费	公路公里	0.272	1 286 764.71	350 000.00		

编制:　　　　　　复核:

实训报告

日期：　　　　班级：　　　　组别：　　　　姓名：　　　　学号：

实训任务	编制土地使用及拆迁补偿费计算表（07表）	成绩	
实训目的	通过此次实训，使学生知道土地使用及拆迁补偿费费用的构成；熟悉永久占地费、临时占地费、拆迁补偿费及水土保持补偿费的内容及计算方法。		
实训内容	1. 土地使用及拆迁补偿费包括哪些费用？ 2. 永久占地费包括哪几项费用？ 3. 什么是拆迁补偿费？如何计算？		
实训总结			

实训十　编制工程建设其他费计算表(08表)

一、实训目的与要求

(1)明确工程建设其他费的组成。

(2)熟悉工程建设其他费的内容及计算方法。

(3)掌握预备费及建设期贷款利息的计算方法。

二、实训方法与步骤

(1)工程建设其他费共9项,按具体发生的费用项目填写,需要说明和具体计算的费用项目依次在相应说明或计算式栏内填写或具体计算。

(2)建设项目管理费包括建设单位(业主)管理费、建设项目信息化费、工程监理费、设计文件审查费、竣(交)工验收试验检测费,按《编制办法》规定的计算基数、费率、方法或有关规定列式计算。

(3)研究试验费应根据设计需要进行研究试验的项目分别填写项目名称及金额,或列式计算或进行说明。

(4)建设项目前期工作费按《编制办法》规定的计算基数、费率、方法计算。

(5)专项评价(估)费依据委托合同,或参照类似工程已发生的费用进行计列。

(6)联合试运转费以定额建筑安装工程费为基数,按0.04%费率计算。

(7)生产准备费中的工器具购置费计算方法同设备购置费。

(8)生产准备费中的办公和生活用家具购置费按《编制办法》办公和生活用家具购置费标准表(表3.3.7)的规定计算。

(9)生产准备费中的生产人员培训费按设计定员和3 000元/人的标准计算。

(10)生产准备费中的应急保通设备购置费由设计单位列出计划购置清单,计算方法同设备购置费。

(11)工程保通管理费应按设计需要进行列支。涉水项目施工期通航安全保障费用计算方法按《编制办法》附录G执行。

(12)工程保险费以建筑安装工程费(不含设备费)为基数,按0.4%费率计算。

(13)其他相关费用按国务院行政主管部门及省级人民政府规定的其他与公路建设相关费用规定计算。

(14)基本预备费以建筑安装工程费、土地使用及拆迁补偿费、工程建设其他费之和为基数,按《编制办法》规定的费率计算。

(15)价差预备费以建筑安装工程费用总额为基数,按设计文件编制年始至建设项目工程交工年终的年数和年工程造价增涨率计算。

(16)建设期贷款利息应根据不同的资金来源分年度投资计算所需支付的利息。

三、注意事项

(1)工程建设其他费按需要进行计算,没有发生的费用不需计算。

(2)建设单位(业主)管理费不包括应计入材料与设备预算价格的建设单位采购及保管材料与设备所需的费用。代建费用在建设单位(业主)管理费中开支;审计费为建设单位(业主)内部审计所发生的费用,施工单位所发生的审计费在建安费的企业管理费中。

(3)建设单位若委托有资质的单位承担试验检测、计量支付费用监理等,其费用应由工程监理费中支列。

(4)计算设计文件审查费时,建设项目若有地质勘察监理、设计咨询(或称设计监理、设计双院制),其费用在此项目内开支。

(5)在计算竣(交)工验收试验检测费时,道路工程按主线路基长度计算;桥梁工程以主线桥梁、分离式立交、匝道桥的长度之和进行计算;隧道按单洞长度计算。

(6)工程保通管理费仅为保通管理方面的费用,其他保通措施需要根据保通工程方案另行计算,例如保通便道、保通安全设施则需要根据设计方案单独计算。

(7)工程保险费指工地范围内发生的保险,材料和设备运输保险不在其中,施工企业的办公、生活、施工机械、员工的人身意外险在企业管理费中支出。设备的保险在设备单价中计列。

(8)按地方规定计算有关费用时,要注意各地规定中的细则要求。

四、实训范例

在实训项目中工程建设其他费计算表 08 表取第 1 页(见表 2-19)作为范例(该项目 08 表共 1 页)。

五、上交资料

每人上交实训报告一份。

表 2-19　工程建设其他费计算表

建设项目名称:县道 X636 西支线连城桥(上行)危桥改造工程

编制范围:县道 X636 西支线连城桥(上行)危桥改造工程　　第 1 页　共 1 页　　08 表

序号	费用名称及项目	说明及计算式	金额(元)	备注
301	建设项目管理费		768 804	
30101	建设单位(业主)管理费	{部颁 2018 建设单位(业主)管理费}	435 477	435 477.03
30102	建设项目信息化费	{部颁 2018 建设项目信息化费}	52 825	52 825
30103	工程监理费	{部颁 2018 工程监理费}	271 327	271 327.24
30104	设计文件审查费	{部颁 2018 设计文件审查费}	7 749	7 748.67
30105	竣(交)工验收试验检测费	0.25(公路公里)* 5 750	1 426	
303	建设项目前期工作费		522 007	
30301	勘察费、设计费、钻探费	465 000	465 000	465 000
30302	清单和清单预算编制费	57 007	57 007	57 007
304	专项评价(估)费		155 000	
30401	环境影响评价费	35 000	35 000	35 000
30402	水土保持评估费	20 000	20 000	20 000
30408	行洪论证(评估)费	100 000	100 000	100 000
308	工程保险费	(建安工程费-设备费)× 0.4%	41 693	(10 423 356.56-0)× 0.4%

编制:　　　　复核:

实训报告

日期：　　　　　班级：　　　　　组别：　　　　　姓名：　　　　　学号：

实训任务	编制工程建设其他费计算表(08表)	成绩	
实训目的	通过此次实训,使学生明确工程建设其他费的组成;熟悉工程建设其他费的内容及计算方法。		
实训内容	1. 工程建设其他费用包括哪些费用? 2. 建设项目管理费包括哪几项费用?各项费用如何计算? 3. 什么是建设项目前期工作费?该项费用都包括哪些内容?		
实训总结			

实训十一　编制总概预算表(01 表)

一、实训目的与要求

(1)明确总概预算表中一个单项或单位工程费用的组成。

(2)掌握各项费用的数据来源。

(3)掌握概预算费用构成及各项费用比例。

二、实训方法与步骤

(1)01 表“分项编号”“工程或费用名称”“单位”等应按《编制办法》中概预算项目表(附录 B)的编号及内容填写。

(2)数量栏、金额栏由 03 表、06 表、07 表、08 表转来。计算第一部分建筑安装工程费时,需要将建筑安装工程费计算表(03 表)、专项费用计算表(06 表)中数据转来;计算第二部分土地使用及拆迁补偿费时,需要将土地使用及拆迁补偿费计算表(07 表)中数据转来;计算第三部分工程建设其他费用时,需要将工程建设其他费计算表(08 表)中数据转来。

(3)技术经济指标栏用各项目金额除以相应数量计算。

(4)各项费用比例栏用各项目金额除以公路基本造价计算。

三、注意事项

(1)01 表可反映一个单项或单位工程的各项目费用组成,当一个建设项目分成若干单项工程编制概预算时,可用总概预算汇总表 01-1 表汇总全部建设项目概预算金额。

(2)要将概预算项目表(见《编制办法》附录 B)所列工程或费用名称中本工程涉及的项目列出,不涉及的项目不列。

(3)在 01 表最后,要计算第一、二、三、四部分费用合计,之后再列出预备费用及建设期贷款利息,最后累计得出公路基本造价。

四、实训范例

在实训项目中总预算表取第 1 页(见表 2-20)作为范例(该项目 01 表共 5 页)。

五、上交资料

每人上交实训报告一份。

表 2-20　总预算表

建设项目名称：县道 X636 西支线连城桥(上行)危桥改造工程

编制范围：县道 X636 西支线连城桥(上行)危桥改造工程　　　　第 1 页　共 5 页　　　　01 表

分项编号	工程或费用名称	单位	数量	金额(元)	技术经济指标	各项费用比例(%)	备注
1	第一部分　建筑安装工程费	公路公里	0.248	10 423 357	42 029 663.55	73.62	建设项目路线总长度(主线长度)
101	临时工程	公路公里	0.248	1 037 029	4 181 567.74	7.32	
10101	临时道路	km	0.2	629 870	3 149 350.15	4.45	
1010101	临时便道(修建、拆除与维护)	km	0.2	629 870	3 149 350.15	4.45	
10102	临时便桥、便涵	m/座	40/1	78 941	1 973.52/78 940.98	0.56	
1010201	临时便桥	m/座	40/1	78 941	1 973.52/78 940.98	0.56	
10104	临时供电设施	总额	1	43 836	43 836.11	0.31	
10106	临时安全设施	套	10	132 403	13 240.26	0.94	
10107	拌和站	座	1	121 979	121 979.05	0.86	
10108	电机井	口	1	30 000	30 000.00	0.21	
102	路基工程	km	0.248	587 211	2 367 788.19	4.15	
LJ01	场地清理	km	0.248	1 007	4 061.21	0.01	
LJ0101	清理与掘除	棵	30	1 007	33.57	0.01	
LJ010102	伐树、挖根	棵	30	1 007	33.57	0.01	
LJ02	路基挖方	m^3	495	10 202	20.61	0.07	
LJ0201	挖土方	m^3	495	10 202	20.61	0.07	
LJ020101	挖路基土方	m^3	495	1 717	3.47	0.01	
LJ020102	废方	m^3	433.4	8 485	19.58	0.06	
LJ07	路基防护与加固工程	km	0.12	576 002	4 800 016.67	4.07	
LJ0705	挡土墙	m^3/m	1 485/60	531 399	357.84/8 856.66	3.75	
LJ070501	浆砌片石挡土墙	m^3/m	1 485/60	531 399	357.84/8 856.66	3.75	
LJ0706	防撞墙	m^3/m	30.93/60	44 603	1 442.05/743.38	0.32	
103	路面工程	km	0.137	150 068	1 095 384.38	1.06	
LM01	沥青混凝土路面	m^2	400	136 234	340.58	0.96	

编制：　　　　　　　　　　　　复核：

实训报告

日期：　　　　班级：　　　　组别：　　　　姓名：　　　　学号：

实训任务	编制总概预算表(01表)	成绩	
实训目的	通过此次实训,使学生明确总概预算表中单项或单位工程费用的组成;知道各项费用的数据来源;掌握概预算费用构成及各项费用比例。		
实训内容	1. 工程总概预算包括哪些费用? 2. 技术经济指标和各项费用比例如何计算? 3. 各项目金额从何而来?		

续表

实训内容

4. 表 2-21 为总概预算表(01 表)的一部分,请计算技术经济指标和各项费用比例。

表 2-21 填制总概预算表

分项编号	工程或费用名称	单位	数量	金额(元)	技术经济指标	各项费用比例(%)	备注
JA07	防眩、防撞设施	个	6	2 810			
JA0703	防撞桶	个	6	2 810			
108	绿化及环境保护工程	公路公里	0.248	7 627			
10801	主线绿化及环境保护	公路公里	0.248	7 627			
LH02	场地绿化及环保	m^2	210	3 676			
LH0201	撒播草种	m^2	210	3 676			
LH03	种植乔木	株	30	3 951			
110	专项费用	元	1	609 253			
11001	施工场地建设费	元	1	455 213			
11002	安全生产费	元	1	154 040			
2	第二部分 土地征用及拆迁补偿费	公路公里	0.248	1 834 802			
201	土地使用费	亩	4.8	24 802			
202	拆迁补偿费	公路公里	0.272	1 460 000			
203	其他补偿费	公路公里	0.272	350 000			
3	第三部分 工程建设其他费	公路公里	0.248	1 487 504			
301	建设项目管理费	公路公里	0.248	768 804			
30101	建设单位(业主)管理费	公路公里	0.248	435 477			
30102	建设项目信息化费	公路公里	0.248	52 825			
30103	工程监理费	公路公里	0.248	271 327			
30104	设计文件审查费	公路公里	0.248	7749			
30105	竣(交)工验收试验检测费	公路公里	0.248	1 426			
303	建设项目前期工作费	公路公里	0.248	522 007			
304	专项评价(估)费	公路公里	0.248	155 000			
30401	环境影响评价费	元	1	35 000			
30402	水土保持评估费	元	1	20 000			
30408	行洪论证(评估)费	元	1	100 000			
308	工程保险费	公路公里	0.248	41 693			
308	工程保险费	公路公里	0.248	41 693			
4	第四部分 预备费	公路公里	0.248	412 370			
401	基本预备费	元		412 370			
5	第一至四部分合计	公路公里	0.248	14 158 032	57 088 840.32	100.00	
7	公路基本造价	公路公里	0.248	14 158 032	57 088 840.32	100.00	

实训总结

实训十二　编制人工、主要材料、施工机械台班数量汇总表(02表)

一、实训目的与要求

(1)明确人工、主要材料、施工机械台班数量汇总表如何进行分项统计。

(2)掌握场外运输损耗的计算方式。

(3)明确各人工、主要材料、施工机械的规格名称来源。

二、实训方法与步骤

(1)将21-2表中所用到的人工、材料、施工机械的规格名称及单位抄录过来。

(2)将21-2表中已划分好的工程项目填入02表上部的分项统计各栏。

(3)人工、各种材料、各种施工机械台班的数量按不同工程项目的21-2表进行统计,只需将21-2表中该项目人工、材料或施工机械的最右侧合计数量栏分别累加即可。

(4)场外运输损耗率见《编制办法》第10页表3.1.2-2,根据材料的不同进行损耗率的取用,场外运输损耗数量由各分项统计数量的和乘以该材料的损耗率。

(5)总数量栏由各分项统计数量的和加上场外运输损耗数量。

三、注意事项

(1)02表可反映一个单项或单位工程的人工、主要材料、施工机械台班数量汇总,如一个建设项目分成若干单项工程编制概预算时,可用总概预算人工、主要材料、施工机械台班数量汇总表02-1表进行汇总。

(2)02表各栏数据由人工、材料、施工机械台班单价汇总表(09表),分项工程概(预)算表(21-2表),辅助生产人工、材料、施工机械台班单位数量表(25表)经分析计算后统计而来。

(3)在抄录人工、主要材料、施工机械种类时注意不要漏项。

(4)场外运输损耗是针对有运输损耗的材料,对于无运输损耗的材料则不需进行计算。

四、实训范例

在实训项目中人工、主要材料、施工机械台班数量汇总表02取第1页(见表2-22)作为范例(该项目02表共9页)。

五、上交资料

每人上交实训报告一份。

表 2-22　人工、主要材料、施工机械台班数量汇总表

建设项目名称：县道 X636 西支线连城桥（上行）危桥改造工程

编制范围：县道 X636 西支线连城桥（上行）危桥改造工程　　　　第 1 页　共 9 页　　　　02 表

代号	规格名称	单位	单价（元）	总数量	分项统计										场外运输损耗	
					临时工程	路基工程	路面工程	桥梁涵洞工程	交叉工程	交通工程及沿线设施	绿化及环境保护工程	专项费用	辅助生产	其他	%	数量
1	人工	工日	105.49	9.046	3.000					6.046						
2	机械工	工日	105.49	4.255	2.370					1.885						
1001001	人工	工日	105.49	14 212.494	551.685	1 556.470	52.106	12 017.295	13.212	11.551	10.175					
1051001	机械工	工日	105.49	2 028.891	463.207	60.632	7.382	1 494.981	1.261	0.235	1.193					
226	花岗岩	m^3	1 167.95	4.323			4.323									
387	矩形标志牌	个	344.83	8.000	8.000											
388	圆形标志牌	个	129.31	12.000	12.000											
389	路拦	片	517.24	4.000	4.000											
390	锥形交通标	个	56.03	150.000	150.000											
541	GQF-Z80 型伸缩缝	m	1 814.74	54.200				54.200								
738	热熔涂料	kg	3.09	556.000						556.000						
739	反光玻璃珠	kg	2.60	43.864						43.864						
832	32.5 级水泥	t	397.17	0.079			0.078								1.000	0.001
862	汽油（93 号）	kg	8.35	47.400	47.400											
862	汽油	kg	8.35	49.535						49.535						
899	中（粗）砂	m^3	112.37	0.327			0.319								2.500	0.008
996	其他材料费	元	1.00	230.224						230.224						
2006	三横梁	t	6 077.79	15.932				15.932								

续表

代号	规格名称	单位	单价（元）	总数量	分项统计										场外运输损耗	
					临时工程	路基工程	路面工程	桥梁涵洞工程	交叉工程	交通工程及沿线设施	绿化及环境保护工程	专项费用	辅助生产	其他	%	数量
2001001	HPB300 钢筋	t	3 438.97	37.922		0.174		37.720	0.000	0.028						
2001002	HRB400 钢筋	t	3 391.20	320.071		2.887		317.066		0.117						
2001008	钢绞线（普通，无松弛）	t	4 646.24	26.150				26.150								

编制：　　　　复核：

实训报告

日期：　　　　班级：　　　　组别：　　　　姓名：　　　　学号：

<table>
<tr><td>实训任务</td><td>编制人工、主要材料、施工机械台班数量汇总表（02 表）</td><td>成绩</td><td></td></tr>
<tr><td>实训目的</td><td colspan="3">通过此次实训，使学生明确各人工、主要材料、施工机械的规格名称来源；知道此表如何进行分项统计；掌握场外运输损耗的计算方式。</td></tr>
<tr><td>实训内容</td><td colspan="3">1. 人工、主要材料、施工机械台班数量如何按分项进行汇总？
2. 如何计算场外运输损耗？
3. 如何计算人工、主要材料、施工机械台班总数量？</td></tr>
</table>

续表

实训内容

4. 根据表 2-23 中给出的各分项工程的主要材料用量及场外运输损耗率，计算各种材料的场外运输损耗数量及总数量。

表 2-23　填制场外运输损耗数量及总数量

代号	规格名称	单位	单价（元）	总数量	临时工程	路基工程	路面工程	桥梁涵洞工程	交叉工程	交通工程及沿线设施	绿化及环境保护工程	场外运输损耗	
												%	数量
5001052	塑料编织袋（袋装砂井用）	个	0.88					59 306.500					
5003003	压浆料	t	1 752.98					11.542					
5009002	油漆	kg	10.56			3.057							
5009005	桥面防水涂料（聚合物渗透水性桥面防水涂料）	kg	5.42					2 604.210					
5009012	油毛毡（400 g，0.915 m × 21.95 m）	m^2	2.22					16.214					
5501002	土（路面用堆方）	m^3	23.79				5.680	17.421				3.000	
5501003	黏土（堆方）	m^3	28.89			26.730		298.209				3.000	
5501007	种植土	m^3	9.91								14.994		
5503003	熟石灰	t	291.82				0.607	1.860					
5503005	中（粗）砂（混凝土、砂浆用堆方）	m^3	111.67		51.170	581.782	4.792	1 825.959	6.265	3.481		2.500	
5503007	砂砾（堆方）	m^3	115.09		669.375		133.365	2 753.315	17.024	1.441		1.000	
5503009	天然级配（堆方）	m^3	115.09		12.960							1.000	
5503015	路面用石屑	m^3	94.65				4.723					1.000	
5505005	片石（码方）	m^3	84.31			512.325		692.816					
5505012	碎石（2 cm）（最大粒径 2 cm 堆方）	m^3	94.65					18.387				1.000	
5505013	碎石（4 cm）（最大粒径 4 cm 堆方）	m^3	94.65		25.860	31.875	5.833	2 993.233	11.304	6.357		1.000	
5505015	碎石（8 cm）（最大粒径 8 cm 堆方）	m^3	94.65			16.335						1.000	
5505016	碎石（未筛分碎石统料堆方）	m^3	94.65					0.462				1.000	
5507003	青（红）砖（240 mm × 115 mm × 53 mm）	千块	328.59		73.520		1.441					3.000	

第三部分　公路工程招标、投标造价文件编制实训

实训一　公路工程招标控制价文件编制

一、实训目的与要求

(1)熟悉施工招标应具备的条件及招标的程序。

(2)掌握招标控制价编制的程序和方法。

(3)学会编制招标控制价文件。

二、实训方法与步骤

1. 准备工作

(1)收集编制资料:包括招标文件相关条款、设计文件、工程定额和地方性估计表、取费标准、施工方案、现场环境和条件、市场价格信息等。

(2)熟悉招标图纸和说明:招标控制价编制前,应仔细阅读招标图纸和说明,如发现图纸、说明和技术规范有矛盾或不符、不够明确的地方,应要求招标文件编制单位给予交底或澄清。

(3)熟悉招标文件内容:对投标须知、合同条款、工程量清单和辅助资料表中与报价有关的内容要搞清楚,对业主“三通一平”的提供程度、价格调整的有关规定、预付款额度、工程质量和工期要求等都要明确。

(4)考察工程现场:对工程施工现场条件和周围环境进行实地考察,包括对实施现场的经济、地理、水文、地质、气候等客观条件和环境进行调查,以作为考虑施工方案、工程特殊技术措施费和临时工程设置等的依据。

(5)进行材料价格调查:掌握当地材料、设备的实际市场价格,砂、石等地方材料的料场价、运距、运费和料源等也要调查收集。

(6)制订实施方案:主要包括招标控制价编制的工作范围和编制依据,编制要点及控制措施,编制及审核人员安排,招标控制价工作进度计划等。

2. 工程量计算

（1）复核工程量清单：首先要弄清楚工程量清单中工程数量的范围，应根据图纸和技术规范中计量支付的规定计算复核工程数量，如与工程量清单有出入，必须搞清楚出入的原因。

（2）按定额计算工程量：以工程量清单的每一个细目作为一个项目，根据图纸和施工组织方案，考虑其由几个定额子目组成，并计算这几个定额项目的工程量。

3. 分部分项工程费的编制

（1）复核招标文件中工程量清单提供的工程量。

（2）根据招标文件中的分部分项工程量清单的特征描述及有关要求、交通建设主管部门颁发的计价定额和计价办法等编制分部分项工程综合单价。

4. 措施费及企业管理费的编制

根据《编制办法》的规定，选择相应的措施费费率及企业管理费费率编制措施费及企业管理费。

5. 其他项目的编制

根据《公路工程标准施工招标文件》（2018年版）编制计日工和暂列金额。

6. 规费和税金的编制

根据《编制办法》及各省级交通建设主管部门颁发的估算、概算、预算编制补充规定，选择相应的规费和税金费率进行编制。

7. 招标控制价说明的编制

招标控制价说明主要包括编制依据，计算整个工程的人工、材料、机械台班需用量，各种费用费率和税金税率的取值和依据，人工、材料、设备、机械台班价格的来源；综合单价中的风险因素、风险范围（幅度），拟采用的施工方案，工程施工中的措施费用和特殊费用的取值和依据。

8. 汇总招标控制价的编制资料

依照《编制办法》和《公路工程标准施工招标文件》（2018年版）中的规定，汇总招标控制价的编制资料。

9. 招标控制价的复核

招标控制价编制完成后，要详细对招标控制价编制中所形成的业务报告书及其工作底稿进行逐级复核。

三、注意事项

1. 熟悉概算预算编制办法及各省级交通建设主管部门颁发的补充规定

现行的《编制办法》中有各项费用标准和计算方法；省级交通建设主管部门颁发的补充规定补充了当地的人工工日价格、规费费率等内容，在编制招标控制价时应特别注意。

2. 熟悉公路工程标准施工招标文件

现行的《公路工程标准施工招标文件》（2018 年版），是编制工程量清单的重要文件，掌握该文件，有利于我们在招投标前期就为以后的计量支付、变更索赔、工程结算提供规范的工程量清单。

3. 熟悉施工图设计文件

重点熟悉工程的设计标准，建设规模与技术等级标准，沿线地质情况，边坡防护、排水设计方案，路面结构组合设计方案，桥梁、涵洞、隧道工程的设计方案及施工工艺。

4. 熟悉公路工程预算定额

现行的《预算定额》中的定额总说明和各章节说明详细介绍了定额使用过程中的注意事项，编制招标控制价时必须掌握这些内容。

5. 确定合理的材料价格

编制招标控制价时，主要外购材料、设备单价应采用各省级交通造价站发布的同期价格，地方性材料的原价可以参考各省级交通主管部门发布的当地同期价格。

6. 确定切实可行、经济合理的施工方案

编制招标控制价时，应认真收集当地材料供应情况，内部及外部交通运输条件，施工用水、用电条件，劳动力供应条件，生活用房和后勤保障条件，分析地质、水文、气象对施工的影响，编制出合理可行的施工方案。

四、实训范例

1. 工程概述

国道嘉荫至临江公路江宁至江源段建设项目，由吉林省发展改革委以《吉林省发展改革委关于国道嘉荫至临江公路江宁至江源段建设项目工程可行性研究报告的批复》批准建设，施工图设计已由吉林省交通运输厅以《吉林省交通运输厅关于国道嘉荫至临江公路江宁至江源段建设项目一阶段施工图设计的批复》批准，项目业主为江宁县江源交通建设投资有限公司，建设资金来自国家和省级补助及地方政府自筹，招标人为江宁县江源交通建设投资有限公司。项目已具备招标条件，现对该项目的施工进行公开招标。路线起于江宁县城西北侧国道嘉临线与抚公线交叉处，桩号 K182+790，经保安村、鹿鸣村、江宁村，止于国道嘉临线江宁县与江源区交界处，终点桩号 K210+842，路线全长 28.052 公里。采用设计速度为 80 km/小时的二级公路标准，路基宽度为 16 m。全线共设 307 米大桥 1 座，涵洞 48 道；设分离式立体交叉 5 处（含利用 3 处），平面交叉 7 处，汽车停靠站 2 对（4 处）。

1）设计标准

大桥中心桩号：K192+630，全长 307 m，桥梁全宽 12.035 m。桥梁上部采用 15 m × 20 m 预应力钢筋混凝土简支转连续箱梁，下部结构采用柱式墩、台，基础采用钻孔灌注桩基础。桥梁护栏形式为 SB 级三横梁护栏。引道为设计速度 40 km/h 的三级公路。

2)招标范围

本次招标内容为 NSM02(K182+790~K210+842)合同段桥梁及其附属工程。新建大桥主要工程内容包括桥梁上部结构、下部结构、桥梁护栏及引道。

2. 招标控制价编制

由于本书篇幅有限,将本建设项目大桥招标控制价中的各表(01 表~24 表)分别取前 2 页作为编制范例(见表 3-1~表 3-27)。

五、上交资料

每人上交实训报告一份。

表 3-1 总预算表

建设项目名称：× × 大桥

编制范围：× × 大桥　　　　第 1 页 共 8 页　　　　01 表

分项编号	工程或费用名称	单位	数量	金额(元)	技术经济指标	各项费用比例(%)	备注
1	第 100 章至第 700 章合计			25 057 835		100.00	
	第 100 章 总则			2 070 975		8.26	
101	通则			78 438		0.31	
101-1	保险费			78 438		0.31	
-a	按合同条款规定，提供建筑工程一切险	总额		74 938		0.30	
-b	按合同条款规定，提供第三者责任险	总额		3 500		0.01	
102	工程管理			409 154		1.63	
102-1	竣工文件	总额		20 000		0.08	
102-2	施工环保费	总额		20 000		0.08	
102-3	安全生产费	总额		369 154		1.47	
103	临时工程与设施			626 206		2.50	
103-1	临时道路修建、养护与拆除	总额	1	449 126	449 125.89	1.79	
103-2	临时占地	总额		167 310		0.67	
103-5	临时供水与排污设施	总额					
103-6	临时交通工程			9 770		0.04	
-a	施工标志牌	套	2	1 816	908.12	0.01	
-b	锥形标	个	200	7 278	36.39	0.03	
-c	彩色尼龙绳	m	200	676	3.38	0.00	
104	承包人驻地建设			766 631		3.06	
104-1	承包人驻地建设	总额		766 631		3.06	
105-3	拌和站			190 546		0.76	
-a	水泥混凝土拌和站	总额	1	190 546	190 545.71	0.76	
	第 200 章 路基			8 071 526		32.21	
203	挖方路基			282 008		1.13	

编制：× × ×　　　　复核：× × ×

表 3-2　总预算表

建设项目名称：× × 大桥

编制范围：× × 大桥　　　　第 2 页　共 8 页　　　　01 表

分项编号	工程或费用名称	单位	数量	金额(元)	技术经济指标	各项费用比例(%)	备注
203-1	路基挖方			282 008		1.13	
-a	挖土方	m^3	23	377	16.39	0.00	
-d	挖淤泥	m^3	12 082	281 631	23.31	1.12	
204	填方路基			895 858		3.58	
204-1	路基填筑(包括填前压实)			895 858		3.58	
-d	借土填方	m^3	23 004	769 714	33.46	3.07	
-h	结构物台背回填			77 393		0.31	
-h-1	回填砂砾	m^3	661.93	77 393	116.92	0.31	
-i	锥坡及台前溜坡填土			48 751		0.19	
-i-1	砂砾土	m^3	279.2	48 751	174.61	0.19	
205	特殊地区路基处理			1 412 627		5.64	
205-1	软土路基处理			1 412 627		5.64	
-c	垫层			1 412 627		5.64	
-c-2	砂砾垫层	m^3	12 082	1 412 627	116.92	5.64	
207	坡面排水			24 726		0.10	
207-11	踏步			24 726		0.10	
-a	C30 混凝土	m^3	13.24	15 074	1 138.54	0.06	
-b	机制砌块	m^3	9.28	9 652	1 040.06	0.04	
208	护坡、护面墙			2 671 501		10.66	
208-1	护坡垫层			210 375		0.84	
-a	砂砾垫层	m^3	1 221.12	210 375	172.28	0.84	
208-4	混凝土护坡			2 461 126		9.82	
-f	机制砌块	m^3	470.72	577 390	1 226.61	2.30	
-g	现浇混凝土护坡			1 883 736		7.52	
-g-1	C30 混凝土	m^3	2 156.81	1 883 736	873.39	7.52	

编制：× × ×　　　　　　　　复核：× × ×

表 3-3　人工、主要材料、施工机械台班数量汇总表

建设项目名称：× × 大桥

编制范围：× × 大桥　　　　第 1 页　共 8 页　　　　02 表

代号	规格名称	单位	单价（元）	总数量	分项统计										场外运输损耗	
					第 100 章 总则	第 200 章 路基	第 300 章 路面	第 400 章 桥梁、涵洞	第 600 章 安全设施及预埋管线					辅助生产	%	数量
2	机械工	工日	105.49	0.754	0.754											
1001001	人工	工日	105.49	27 756.592	813.623	9 950.269	295.165	16 267.340	430.195							
1051001	机械工	工日	105.49	3 743.505	67.942	677.013	83.288	2 854.984	60.278							
806	彩条尼龙绳	m	1.06	204.000	204.000											
862	汽油（93 号）	kg	7.49	15.080	15.080											
2001001	HPB300 钢筋	t	4 052.83	90.287	0.089	52.966		37.146	0.086							
2001002	HRB400 钢筋	t	3 923.55	675.802				675.586	0.217							
2001008	钢绞线（普通，无松弛）	t	5 372.38	55.897				55.897								
2001019	钢丝绳	t	6 709.78	1.356				0.774	0.581							
2001021	8~12 号铁丝（镀锌铁丝）	kg	4.47	135 781.916	0.440	135 768.898		12.578								
2001022	20~22 号铁丝（镀锌铁丝）	kg	4.75	2 060.827				2 059.321	1.506							
2003004	型钢（工字钢，角钢）	t	4 329.23	14.336	0.266	1.722		12.345	0.003							
2003005	钢板（A3，δ=5~40 mm）	t	4 494.17	13.924				12.393	1.530							
2003008	钢管（无缝钢管）	t	5 033.58	0.104				0.104								
2003012	镀锌钢板	t	6 531.46	0.004					0.004							
2003015	钢管立柱	t	7 333.89	54.814					54.814							
2003017	波形钢板	t	7 155.58	73.405					73.405							
2003021	钢管桩	t	7 333.89	0.608	0.608											
2003022	钢护筒	t	7 066.41	3.635				3.635								
2003025	钢模板（各类定型大块钢模板）	t	6 888.10	19.479				19.479								

编制：× × ×　　　　复核：× × ×

表 3-4　人工、主要材料、施工机械台班数量汇总表

建设项目名称：× × 大桥

编制范围：× × 大桥　　　　第 2 页　共 8 页　　　　02 表

代号	规格名称	单位	单价（元）	总数量	分项统计										场外运输损耗	
					第 100 章 总则	第 200 章 路基	第 300 章 路面	第 400 章 桥梁、涵洞	第 600 章 安全设施及预埋管线					辅助生产	%	数量
2003026	组合钢模板	t	6 709.78	4.484	0.186	3.525		0.769	0.005							
2003027	门式钢支架	t	5 015.75	0.073				0.073								
2003028	安全爬梯	t	8 133.60	0.477				0.477								
2003042	钢丸	t	3 811.72	0.289				0.289								
2003044	铁皮（26 号镀锌铁皮）	m^2	21.50	2.407				2.407								
2009002	钢钎（Φ=22~25 mm,32 mm）	kg	6.61	45.800	45.800											
2009011	电焊条	kg	4.53	3 747.246	2.800	10.254		3 444.278	289.914							
2009013	螺栓（混合规格）	kg	11.76	3 943.352				55.084	3 888.268							
2009028	铁件（铁件）	kg	4.81	12 968.512	162.270	9 000.304		3 803.760	2.178							
2009029	镀锌铁件	kg	7.25	398.422					398.422							
2009030	铁钉（混合规格）	kg	4.81	40.124	6.227	32.427		1.470								
2009033	铸铁管	kg	4.53	1 026.000				1 026.000								
3001001	石油沥青	t	3 017.17	0.340		0.220		0.120								
3001005	乳化沥青	t	2 561.06	9.210			7.558	1.652								
3003001	重油	kg	3.05	89.138				89.138								
3003002	汽油（93 号）	kg	7.49	901.701		279.735		7.426	614.540							
3003003	柴油（0 号，－10 号，－20 号）	kg	6.59	38 037.645	1 793.993	22 543.094	3 262.069	10 427.403	11.085							
3005002	电	kW·h	1.41	324 613.958	755.112	13 207.726		307 800.826	2 850.294							
3005004	水	m^3	4.02	14 526.541	229.000	3 186.876		11 099.416	11.249							
4003001	原木（混合规格）	m^3	1 047.31	8.717	1.154	6.974		0.589								

编制：× × ×　　　　复核：× × ×

表 3-5　建筑安装工程费计算表

建设项目名称：× × 大桥

编制范围：× × 大桥　　　　第 1 页　共 24 页　　　　03 表

序号	分项编号	工程名称	单位	工程量	定额直接费（元）	定额设备购置费（元）	直接费（元）				设备购置费（元）	措施费（元）	企业管理费（元）	规费（元）	利润（元）	税金（元）	金额合计（元）	
							人工费	材料费	施工机械使用费	合计					费率 7.234%	税率 9.0%	合计	单价
1	2	3	4	5	6	7	8	9	10	11	12	13	14	15	16	17	18	19
1		第 100 章　总则			448 722		85 829	325 868	90 029	501 726		11 664	17 683	30 157	34 586	53 624	2 070 975	
2	101	通则															78 438	
3	101-1	保险费															78 438	
4	-a	按合同条款规定，提供建筑工程一切险	总额														74 938	
5	-b	按合同条款规定，提供第三者责任险	总额														3 500	
6	102	工程管理															409 154	
7	102-1	竣工文件	总额														20 000	
8	102-2	施工环保费	总额														20 000	
9	102-3	安全生产费	总额														369 154	
10	103	临时工程与设施			324 491		21 512	271 272	77 562	370 345		5 779	11 693	8 448	24 739	37 890	626 206	
11	103-1	临时道路修建、养护与拆除	总额	1.000	317 581		21 398	263 691	77 318	362 406		5 683	11 359	8 386	24 208	37 084	449 126	449 125.89
12	定额编号 13-1-1-9-9	斗容量 2.0 m^3 以内挖掘机挖装硬土	1 000 m^3 天然密实方	1.350	3 571		499		2 905	3 404		361	136	301	294	405	4 901	3 630.41

续表

序号	分项编号	工程名称	单位	工程量	定额直接费（元）	定额设备购置费（元）	直接费(元)				设备购置费（元）	措施费（元）	企业管理费（元）	规费（元）	利润（元）	税金（元）	金额合计(元)	
							人工费	材料费	施工机械使用费	合计					费率 7.234%	税率 9.0%	合计	单价
13	1	运输（18 km）	m^3	1 390.500	15 768				15 768	15 768					1 141	1 522	18 431	13.25
14	2	土底线	m^3	1 390.500	13 502				13 502	13 502					977	1 303	15 782	11.35
15	定额编号 30-1-1-18-10	10~12 t 光轮压路机碾压土方	1 000 m^3 压实方	1.350	4598		299		4 058	4 357		465	175	362	379	516	6 253	4 632.03
16	定额编号 166-2-1-1-12	路面垫层机械铺砂砾（压实厚度 50 cm）	1 000 m^3	2.100	66 794		443	105 828	3751	110 023		773	2 249	326	5051	10 658	129 080	61 466.52
17	定额编号 1129-7-1-1-8	汽车便道养护路基宽 4.5 m	1 km·月	6.400	7 775		1 013	5 464	2 472	8 948		259	262	574	600	958	11 601	1 812.69

编制：× × ×　　　　复核：× × ×

表 3-6　建筑安装工程费计算表

建设项目名称:XX 大桥

编制范围:XX 大桥　　　　第 2 页　共 24 页　　　　03 表

序号	分项编号	工程名称	单位	工程量	定额直接费（元）	定额设备购置费（元）	直接费（元）				设备购置费（元）	措施费（元）	企业管理费（元）	规费（元）	利润（元）	税金（元）	金额合计（元）	
							人工费	材料费	施工机械使用费	合计					费率 7.234%	税率 9.0%	合计	单价
1	2	3	4	5	6	7	8	9	10	11	12	13	14	15	16	17	18	19
18	定额编号 13-1-1-9-9	斗容量 2.0 m³ 以内挖掘机挖装硬土	1 000 m³ 天然密实方	2.400	6 164		861		5 015	5 876		623	234	520	508	699	8 460	3 524.86
19	1	运输（18 km）	m³	2 400.000	27 216				27 216	27 216					1 969	2 627	31 812	13.25
20	定额编号 1130-7-1-2-2	汽车便桥墩（桩长 10 m 以内）	1 座	2.000	5 534		295	6 164	760	7 219		123	267	162	429	738	8 938	4 469.08
21	定额编号 1130-7-1-2-1	简易汽车钢便桥	10 m	4.000	122 164		11 646	108 870	1 871	122 387		2 192	5 891	4 086	9 423	12 958	156 937	39 234.22
22	定额编号 1135-7-1-4-3	轨道铺设在路基上钢轨重 32 kg/m	100 m	2.000	21 929		3 123	19 586		22 709		436	1 058	1 012	1 695	2 422	29 331	14 665.42
23	定额编号 1135-7-1-4-4	轨道铺设在桥面上钢轨重 32 kg/m	100 m	2.800	22 565		3 220	17 778		20 998		449	1 088	1 043	1 744	2 279	27 601	9 857.64
24	103-2	临时占地	总额														167 310	
25	103-6	临时交通工程			6 910		114	7 581	244	7 939		96	333	63	531	807	9 770	

续表

序号	分项编号	工程名称	单位	工程量	定额直接费（元）	定额设备购置费（元）	直接费（元）				设备购置费（元）	措施费（元）	企业管理费（元）	规费（元）	利润（元）	税金（元）	金额合计（元）	
							人工费	材料费	施工机械使用费	合计					费率7.234%	税率9.0%	合计	单价
26	-a	施工标志牌	套	2.000	1 136		51	1 310	115	1 475		20	55	29	88	150	1816	908.12
27	定额编号借吉15普养营改增7-2-1	施工标志牌	10套	0.200	1 136		51	1 310	115	1 475		20	55	29	88	150	1 816	9 081.20
28	-b	锥形标	个	200.000	5 253		42	5 752	129	5 924		69	253	27	403	601	7 278	36.39
29	定额编号借吉15普养营改增7-2-2	施工隔离标志	100个	2.000	5 253		42	5 752	129	5 924		69	253	27	403	601	7 277	3 638.60
30	-c	彩色尼龙绳	m	200.000	521		21	519		540		7	25	7	40	56	676	3.38
31	定额编号借吉15普养营改增7-2-3	施工安全临时维护	100 m	2.000	521		21	519		540		7	25	7	40	56	675	337.56
32	104	承包人驻地建设															766 631	
33	104-1	承包人驻地建设	总额														766 631	
34	105-3	拌和站			124 231		64 317	54 596	12 468	131 381		5 886	5 991	21 708	9 847	15 733	190 546	
35	-a	水泥混凝土拌和站	总额	1.000	124 231		64 317	54 596	12 468	131 381		5 886	5 991	21 708	9 847	15 733	190 546	190545.71

编制：× × ×　　　　复核：× × ×

表 3-7　综合费率计算表

建设项目名称：×× 大桥

编制范围：×× 大桥　　　　第 1 页　共 2 页　　　　04 表

序号	工程类别	措施费费率(%)											企业管理费费率(%)						规费费率(%)					
		冬季施工增加费	雨季施工增加费	夜间施工增加费	高原地区施工增加费	风沙地区施工增加费	沿海地区施工增加费	行车干扰施工增加费	施工辅助费 Ⅰ	工地转移费 Ⅱ	综合费率		基本费用	主副食运费补贴	职工探亲路费	职工取暖补贴	财务费用	综合费率	养老保险费	失业保险费	医疗保险费	工伤保险费	住房公积金	综合费率
											Ⅰ	Ⅱ												
1	2	3	4	5	6	7	8	9	10	11	12	13	14	15	16	17	18	19	20	21	22	23	24	25
01	土方	9.140	0.245						0.508	0.218	9.603	0.508	2.678	0.128	0.187	0.540	0.264	3.798	16.000	0.700	6.700	1.000	8.000	32.400
02	石方	1.861	0.212						0.458	0.172	2.245	0.458	2.722	0.114	0.199	0.460	0.253	3.748	16.000	0.700	6.700	1.000	8.000	32.400
03	运输	1.748	0.249						0.150	0.153	2.150	0.150	1.340	0.127	0.129	0.538	0.257	2.391	16.000	0.700	6.700	1.000	8.000	32.400
04	路面	4.909	0.230						0.798	0.313	5.452	0.798	2.366	0.086	0.155	0.367	0.394	3.368	16.000	0.700	6.700	1.000	8.000	32.400
05	隧道	2.269							1.165	0.251	2.520	1.165	3.480	0.101	0.259	0.399	0.500	4.739	16.000	0.700	6.700	1.000	8.000	32.400
06	构造物Ⅰ	5.291	0.164						1.171	0.255	5.710	1.171	3.497	0.117	0.267	0.487	0.454	4.822	16.000	0.700	6.700	1.000	8.000	32.400
06-1	构造物Ⅰ(绿化)		0.164						1.171	0.255	0.419	1.171	3.497	0.117	0.267	0.487	0.454	4.822	16.000	0.700	6.700	1.000	8.000	32.400
07	构造物Ⅱ	7.028	0.177	0.903					1.499	0.325	8.433	1.499	4.608	0.137	0.339	0.583	0.531	6.198	16.000	0.700	6.700	1.000	8.000	32.400
08	构造物Ⅲ(一般)	13.020	0.366	1.702					2.661	0.606	15.694	2.661	5.827	0.242	0.537	1.040	1.067	8.713	16.000	0.700	6.700	1.000	8.000	32.400
08-1	构造物Ⅲ(室内)	13.020		1.702					2.661	0.606	15.328	2.661	5.827	0.242	0.537	1.040	1.067	8.713	16.000	0.700	6.700	1.000	8.000	32.400
08-2	构造物Ⅲ(桥梁)	13.020	0.366	1.702					2.661	0.606	15.694	2.661	5.827	0.242	0.537	1.040	1.067	8.713	16.000	0.700	6.700	1.000	8.000	32.400
08-3	构造物Ⅲ(设备安装)	13.020							2.661	0.606	13.626	2.661	5.827	0.242	0.537	1.040	1.067	8.713	16.000	0.700	6.700	1.000	8.000	32.400

编制：×××　　　　复核：×××

表 3-8　综合费率计算表

建设项目名称：×× 大桥

编制范围：×× 大桥　　　　第 2 页　共 2 页　　　　04 表

序号	工程类别	措施费费率(%)											企业管理费费率(%)						规费费率(%)					
		冬季施工增加费	雨季施工增加费	夜间施工增加费	高原地区施工增加费	风沙地区施工增加费	沿海地区施工增加费	行车干扰施工增加费	施工辅助费 Ⅰ	工地转移费 Ⅱ	综合费率 Ⅰ	综合费率 Ⅱ	基本费用	主副食运费补贴	职工探亲路费	职工取暖补贴	财务费用	综合费率	养老保险费	失业保险费	医疗保险费	工伤保险费	住房公积金	综合费率
1	2	3	4	5	6	7	8	9	10	11	12	13	14	15	16	17	18	19	20	21	22	23	24	25
09	技术复杂大桥	8.219	0.254	0.928					1.635	0.379	9.780	1.635	4.039	0.112	0.203	0.488	0.621	5.464	16.000	0.700	6.700	1.000	8.000	32.400
10	钢材及钢结构（一般）	0.581		0.874					0.550	0.342	1.797	0.550	2.186	0.110	0.160	0.354	0.637	3.447	16.000	0.700	6.700	1.000	8.000	32.400
10-1	钢材及钢结构（桥梁）	0.581		0.874					0.550	0.342	1.797	0.550	2.186	0.110	0.160	0.354	0.637	3.447	16.000	0.700	6.700	1.000	8.000	32.400
10-2	钢材及钢结构（金属标志牌等）	0.581							0.550	0.342	0.923	0.550	2.186	0.110	0.160	0.354	0.637	3.447	16.000	0.700	6.700	1.000	8.000	32.400

编制：×××　　　　复核：×××

表 3-9　人工、材料、施工机械台班单价汇总表

建设项目名称：× × 大桥

编制范围：× × 大桥　　　　第 1 页　共 5 页　　　　09 表

序号	名称	单位	代号	预算单价（元）	备注	序号	名称	单位	代号	预算单价（元）	备注
1	机械工	工日	2	105.49		19	钢护筒	t	2003022	7 066.41	
2	人工	工日	1001001	105.49		20	钢模板（各类定型大块钢模板）	t	2003025	6 888.10	
3	机械工	工日	1051001	105.49		21	组合钢模板	t	2003026	6 709.78	
4	彩条尼龙绳	m	806	1.06		22	门式钢支架	t	2003027	5 015.75	
5	汽油 93 号	kg	862	7.49		23	安全爬梯	t	2003028	8 133.60	
6	HPB300 钢筋	t	2001001	4 052.83		24	钢丸	t	2003042	3 811.72	
7	HRB400 钢筋	t	2001002	3 923.55		25	铁皮（26 号镀锌铁皮）	m^2	2003044	21.50	
8	钢绞线（普通，无松弛）	t	2001008	5 372.38		26	钢钎（Φ=22~25 mm，32 mm）	kg	2009002	6.61	
9	钢丝绳	t	2001019	6 709.78		27	电焊条	kg	2009011	4.53	
10	8~12 号铁丝（镀锌铁丝）	kg	2001021	4.47		28	螺栓（混合规格）	kg	2009013	11.76	
11	20~22 号铁丝（镀锌铁丝）	kg	2001022	4.75		29	铁件（铁件）	kg	2009028	4.81	
12	型钢（工字钢，角钢）	t	2003004	4 329.23		30	镀锌铁件	kg	2009029	7.25	
13	钢板（A3，δ=5~40 mm）	t	2003005	4 494.17		31	铁钉（混合规格）	kg	2009030	4.81	
14	钢管（无缝钢管）	t	2003008	5 033.58		32	铸铁管	kg	2009033	4.53	
15	镀锌钢板	t	2003012	6 531.46		33	石油沥青	t	3001001	3 017.17	
16	钢管立柱	t	2003015	7 333.89		34	阳离子类乳化沥青	t	3001005	2 561.06	
17	波形钢板镀锌	t	2003017	7 155.58		35	重油	kg	3003001	3.05	
18	钢管桩	t	2003021	7 333.89		36	汽油 93 号	kg	3003002	7.49	

表 3-10　人工、材料、施工机械台班单价汇总表

建设项目名称：× × 大桥

编制范围：× × 大桥　　　　第 2 页　共 5 页　　　　09 表

序号	名称	单位	代号	预算单价（元）	备注	序号	名称	单位	代号	预算单价（元）	备注
37	柴油 0 号，－10 号，－20 号	kg	3003003	6.59		55	反光油漆	kg	5009014	34.92	
38	电	kW·h	3005002	1.41		56	黏土堆方	m^3	5501003	23.72	
39	水	m^3	3005004	4.02		57	砂砾土天然堆方	m^3	5501006	64.80	
40	原木（混合规格）	m^3	4003001	1 047.31		58	中（粗）砂混凝土、砂浆用堆方	m^3	5503005	116.20	
41	锯材	m^3	4003002	1 513.16		59	砂砾堆方	m^3	5503007	79.05	
42	枕木硬	m^3	4003003	1 279.08		60	天然砂砾	m^3	5503008	79.05	
43	聚丙烯腈纤维	kg	5001008	43.64		61	天然级配堆方	m^3	5503009	79.05	
44	PVC 塑料管（Φ50 mm）	m	5001013	6.56		62	路面用石屑	m^3	5503015	179.17	
45	PVC 塑料管（Φ160 mm）	m	5001015	32.09		63	片石码方	m^3	5505005	116.61	
46	塑料波纹管 SBG-50Y	m	5001035	4.53		64	碎石（2 cm）最大粒径 2 cm 堆方	m^3	5505012	130.06	
47	塑料波纹管 SBG-90B	m	5001042	4.38		65	碎石（4 cm）最大粒径 4 cm 堆方	m^3	5505013	130.06	
48	塑料编织袋袋装砂井用	个	5001052	0.90		66	碎石（6 cm）最大粒径 6 cm 堆方	m^3	5505014	130.06	
49	压浆料	t	5003003	1 767.74		67	青（红）砖	千块	5507003	368.12	
50	膨胀剂	kg	5003004	0.92		68	32.5 级水泥	t	5509001	332.74	
51	高效减水剂	kg	5003005	7.00		69	42.5 级水泥	t	5509002	396.60	
52	土工布宽 4~5 m	m^2	5007001	5.88		70	52.5 级水泥	t	5509003	537.77	
53	桥面防水涂料	kg	5009005	10.50		71	四氟板式橡胶组合支座 GJZF4 系列、GYZF4 系列	dm^3	6001002	72.33	
54	热熔涂料	kg	5009008	3.29		72	板式橡胶支座 GJZ 系列、GYZ 系列	dm^3	6001003	47.94	

编制：× × ×　　　　复核：× × ×

表 3-11　分项工程费计算数据表

建设项目名称：× × 大桥

编制范围：× × 大桥　　标准定额库版本号：　　校验码：　　第 1 页　共 16 页　　21-1 表

分项编号/定额代号/工料机代号	项目、定额或工料机的名称	单位	数量	输入单价	输入金额	分项组价类型或定额子目取费类别	定额调整情况或分项算式
101-1-a	按合同条款规定，提供建筑工程一切险	总额					
101-1-b	按合同条款规定，提供第三者责任险	总额					
102-1	竣工文件	总额					
102-2	施工环保费	总额					
102-3	安全生产费	总额					
103-1	临时道路修建、养护与拆除	总额	1.000	449 125.89	449 125.89		
定额编号 13-1-1-9-9 换	2.0 m^3 以内挖掘机挖装硬土	1 000 m^3 天然密实方	1.350	3 630.41	4 901.06	01. 土方	定额 ×1.03
1	运输（18 km）	m^3	1 390.500	13.25	18 430.54	12. 利润和税金	
2	土底线	m^3	1 390.500	11.35	15 781.60	12. 利润和税金	
定额编号 30-1-1-18-10	10~12 t 光轮压路机碾压土方	1 000 m^3 压实方	1.350	4 632.03	6 253.24	01. 土方	
定额编号 166-2-1-1-12 换	路面垫层机械铺砂砾（压实厚度 50 cm）	1 000 m^2	2.100	61 466.52	129 079.70	04. 路面	实际厚度（cm）：50cm;分层拌和、碾压：分 2 层
定额编号 1129-7-1-1-8	汽车便道养护路基宽 4.5 m	1 km·月	6.400	1 812.69	11 601.20	04. 路面	
定额编号 13-1-1-9-9	2.0 m^3 以内挖掘机挖装硬土	1 000 m^3 天然密实方	2.400	3 524.86	8 459.67	01. 土方	
1	运输（18 km）	m^3	2 400.000	13.25	31 811.59	12. 利润和税金	

续表

分项编号/定额代号/工料机代号	项目、定额或工料机的名称	单位		数量		输入单价	输入金额	分项组价类型或定额子目取费类别	定额调整情况或分项算式
定额编号 1130-7-1-2-2 换	汽车便桥墩（桩长 10 m 以内）	1 座		2.000		4 469.08	8 938.17	06. 构造物 I	[2003021] 量 0.304
定额编号 1130-7-1-2-1 换	简易汽车钢便桥	10 m		4.000		39 234.22	156 936.90	06. 构造物 I	[7901001] 量 18 772.8
定额编号 1135-7-1-4-3	轨道铺设在路基上钢轨重 32 kg/m	100 m		2.000		14 665.42	29 330.85	06. 构造物 I	
定额编号 1135-7-1-4-4	轨道铺设在桥面上钢轨重 32 kg/m	100 m		2.800		9 857.64	27 601.39	06. 构造物 I	
103-2	临时占地	总额							
103-5	临时供水与排污设施	总额							
103-6-a	施工标志牌	套		2.000		908.12	1 816.24		

编制：× × ×　　　　复核：× × ×

表 3-12　分项工程费计算数据表

建设项目名称：× × 大桥

编制范围：× × 大桥　　标准定额库版本号：　　校验码：　　第 2 页　共 16 页　　21-1 表

分项编号/定额代号/工料机代号	项目、定额或工料机的名称	单位	数量	输入单价	输入金额	分项组价类型或定额子目取费类别	定额调整情况或分项算式
定额编号 借[吉 15 普养营改增]7-2-1 换	施工标志牌	10 套	0.200	9 081.20	1 816.24	06. 构造物 I	[387] 换[6007021]; [388] 换[6007020]; [389] 换 [6007022]; [1] 换 [1001001]
103-6-b	锥形标	个	200.000	36.39	7 278.00		
定额编号 借[吉 15 普养营改增]7-2-2 换	施工隔离标志	100 个	2.000	3 638.60	7 277.20	06. 构造物 I	[1] 换 [1001001]; [390] 换[6007023]
103-6-c	彩色尼龙绳	m	200.000	3.38	676.00		
定额编号 借[吉 15 普养营改增]7-2-3 换	施工安全临时维护	100 m	2.000	337.56	675.11	06. 构造物 I	[1] 换 [1001001]; [211] 换[2009002]
104-1	承包人驻地建设	总额					
105-3-a	水泥混凝土拌和站	总额	1.000	190 545.71	190 545.71		
定额编号 909-4-11-11-9	40 m³/h 以内混凝土搅拌站(楼)安拆	1 座	1.000	190 545.71	190 545.71	06. 构造物 I	
203-1-a	挖土方	m³	23.000	16.39	376.97		
定额编号 13-1-1-9-8	2.0 m³ 以内挖掘机挖装普通土	1 000 m³ 天然密实方	0.023	3 133.83	72.08	01. 土方	
1	运输(18 km)	m³	23.000	13.25	304.86	12. 利润和税金	
203-1-d	挖淤泥	m³	12 082.000	23.31	281 631.42		

续表

分项编号/定额代号/工料机代号	项目、定额或工料机的名称	单位		数量		输入单价	输入金额	分项组价类型或定额子目取费类别	定额调整情况或分项算式
1-1-2-5	挖掘机挖装淤泥、流沙	1 000 m³		12.082		8 726.20	105 429.99	01. 土方	
1	运输（18 km）	m³		13 290.200		13.25	176 159.34	12. 利润和税金	
204-1-d	借土填方	m³		23 004.000		33.46	769 713.84		
定额编号 13-1-1-9-9	2.0 m³ 以内挖掘机挖装硬土	1 000 m³ 天然密实方		23.004		3 630.41	83 513.98	01. 土方	定额 ×1.03
1	运输（18 km）	m³		23 694.120		13.25	314 061.53	12. 利润和税金	
2	土底线	m³		23 694.120		11.35	268 918.55	12. 利润和税金	
定额编号 30-1-1-18-10	10~12 t 光轮压路机碾压土方	1 000 m³ 压实方		22.262		4 632.03	103 116.42	01. 土方	
204-1-h-1	回填砂砾	m³		661.930		116.92	77 392.86		
定额编号 52-1-2-12-2	砂砾地基垫层	1000 m³		0.662		116 921.46	77 393.82	04. 路面	

编制：×××　　　　复核：×××

表 3-13　分项工程预算表

编制范围：× × 大桥

分项编号：103-1　　工程名称：临时道路修建、养护与拆除　　单位：总额　　数量：1.0　　单价：44912589　　第 1 页　共 142 页　　21-2 表

代号	工程项目			挖掘机挖装土、石方			运输（18 km）			土底线			填方路基		
	工程细目			2.0 m³ 以内挖掘机挖装硬土			运输（18 km）			土底线			10~12 t 光轮压路机碾压土方		
	定额单位			1 000 m³ 天然密实方			m³			m³			1 000 m³ 压实方		
	工程数量			1.350			1 390.500			1 390.500			1.350		
	定额表号			13-1-1-9-9，定额 ×1.03			1			2			30-1-1-18-10		
	工、料、机名称	单位	单价（元）	定额	数量	金额（元）	定额	数量	金额（元）	定额	数量	金额（元）	定额	数量	金额（元）
1001001	人工	工日	105.49	3.502	4.728	498.73							2.100	2.835	299.06
8001030	2.0 m³ 履带式单斗挖掘机	台班	1 421.51	1.514	2.044	2 905.42									
8001058	120 kW 以内平地机 F155	台班	1 123.90										1.470	1.985	2 230.38
8001080	10~12 t 光轮压路机	台班	483.38										2.800	3.780	1 827.18
9999001	定额基价	元	1.00	2 645.000	3 571.000	3 571.00	11.000	1 391.000	15 768.00	10.000	1 391.000	13 502.00	3 406.000	4 598.000	4 598.00
	直接费	元				3 404.15			15 768.01			13 501.76			4 356.62
	措施费 Ⅰ	元		3 570.824	9.603%	342.92							4 598.478	9.603%	441.61
	措施费 Ⅱ	元		3 570.824	0.508%	18.14							4 598.478	0.508%	23.36
	企业管理费	元		3 570.824	3.798%	135.61							4 598.478	3.798%	174.63
	规费	元		929.948	32.400%	301.30							1 116.506	32.400%	361.75
	利润	元		4 067.496	7.235%	294.26	15 768.001	7.235%	1 140.74	13 501.749	7.235%	976.78	5 238.081	7.235%	378.95
	税金	元		4 496.378	9.000%	404.67	16 908.744	9.000%	1 521.79	14 478.544	9.000%	1 303.07	5 736.922	9.000%	516.32
	金额合计	元				4 901.06			18 430.53			15 781.61			6 253.24

编制：× × ×　　复核：× × ×

表 3-14　分项工程预算表

编制范围：×× 大桥

分项编号：103-1　　工程名称：临时道路修建、养护与拆除　　单位：总额　　数量：1.0　　单价：44912589　　第 2 页　共 142 页　　21-2 表

代号	工程项目				路面垫层			汽车便道			挖掘机挖装土、石方			运输（18 km）		
	工程细目				路面垫层机械铺砂砾（压实厚度 50 cm）			汽车便道养护路基宽 4.5 m			2.0 m³ 以内挖掘机挖装硬土			运输（18 km）		
	定额单位				1 000 m²			1 km·月			1 000 m³ 天然密实方			m³		
	工程数量				2.100			6.400			2.400			2 400.000		
	定额表号				166-2-1-1-12 改			1129-7-1-1-8			13-1-1-9-9			1		
	工、料、机名称		单位	单价（元）	定额	数量	金额（元）	定额	数量	金额（元）	定额	数量	金额（元）	定额	数量	金额（元）
1001001	人工		工日	105.49	2.000	4.200	443.06	1.500	9.600	1 012.70	3.400	8.160	860.80			
5503007	砂砾堆方		m³	79.05	637.500	1 338.750	105 828.19									
5503009	天然级配堆方		m³	79.05				10.800	69.120	5 463.94						
8001030	2.0 m³ 履带式单斗挖掘机		台班	1 421.51							1.470	3.528	5 015.09			
8001058	120 kW 以内平地机 F155		台班	1 123.90	0.440	0.924	1 038.48									
8001078	6~8 t 光轮压路机 2Y-6/8		台班	343.91				1.123	7.187	2 471.75						
8001081	12~15 t 光轮压路机 3Y-12/15		台班	552.30	0.460	0.966	533.52									
8001083	18~21 t 光轮压路机 3Y-18/21		台班	701.82	0.660	1.386	972.72									
8007043	10 000 L 以内洒水汽车		台班	1 064.00	0.540	1.134	1 206.58									
9999001	定额基价		元	1.00	31 807.000	66 794.000	66 794.00	1 215.000	7 775.000	7 775.00	2 568.000	6 164.000	6 164.00	11.000	2 400.000	27 216.00
	直接费		元				110 022.55			8 948.39			5 875.89			27 216.00
	措施费	Ⅰ	元		4 408.384	5.452%	240.34	3 615.011	5.452%	197.09	6 163.584	9.603%	591.91			
		Ⅱ	元		66 794.134	0.798%	532.72	7 775.344	0.798%	62.01	6 163.584	0.508%	31.31			

续表

	企业管理费	元		66 794.134	3.368%	2 249.39	7 775.344	3.368%	261.85	6 163.584	3.798%	234.07			
	规费	元		1 005.741	32.400%	325.86	1 770.883	32.400%	573.77	1 605.136	32.400%	520.06			
	利润	元		69 816.587	7.235%	5 050.88	8 296.289	7.235%	600.20	7 020.872	7.235%	507.93	27 216.007	7.235%	1 968.94
	税金	元		118421.744	9.000%	10 657.96	10 643.300	9.000%	957.90	7 761.167	9.000%	698.51	29 184.944	9.000%	2 626.65
	金额合计	元				129 079.70			11 601.20			8 459.67			31 811.59

编制：×××　　　　复核：×××

表 3-15　材料预算单价计算表

建设项目名称：× × 大桥

编制范围：× × 大桥　　　　第 1 页　共 5 页　　　　22 表

代号	规格名称	单位	原价（元）	运杂费					原价运费合计（元）	场外运输损耗		采购及保管费		预算单价（元）
				供应地点	运输方式、比重及运距（km）	毛质量系数或单位毛质量	运杂费构成说明或计算式	单位运费（元）		费率（%）	金额（元）	费率（%）	金额（元）	
806	彩条尼龙绳	m	1.060		汽车、1.0、0.0	1.000 000			1.06					1.060
862	汽油	kg	7.240	当地—工地	汽车、1.0、10.0	0.001 170	（0.67 × 10.0+1.38）× 1 × 0.001 17	0.010	7.25			3.260	0.236	7.490
2001001	HPB300 钢筋	t	40 00.000	白城市—工地	汽车、1.0、43.0	1.000 000	（0.48 × 43.0+2.02 × 1.0）× 1 × 1	22.660	4 022.66			0.750	30.170	4 052.830
2001002	HRB400 钢筋	t	3 871.680	白城市—工地	汽车、1.0、43.0	1.000 000	（0.48 × 43.0+2.02 × 1.0）× 1 × 1	22.660	3 894.34			0.750	29.208	3 923.550
2001008	钢绞线	t	5 309.730	白城市—工地	汽车、1.0、43.0	1.000 000	（0.48 × 43.0+2.02 × 1.0）× 1 × 1	22.660	5 332.39			0.750	39.993	5 372.380
2001019	钢丝绳	t	6 637.170	白城市—工地	汽车、1.0、43.0	1.000 000	（0.48 × 43.0+2.02 × 1.0）× 1 × 1	22.660	6 659.83			0.750	49.949	6 709.780
2001021	8~12 号铁丝	kg	4.420	白城市—工地	汽车、1.0、43.0	0.001 000	（0.48 × 43.0+2.02 × 1.0）× 1 × 0.001	0.020	4.44			0.750	0.033	4.470
2001022	20~22 号铁丝	kg	4.690	白城市—工地	汽车、1.0、43.0	0.001 000	（0.48 × 43.0+2.02 × 1.0）× 1 × 0.001	0.020	4.71			0.750	0.035	4.750
2003004	型钢	t	4 274.340	白城市—工地	汽车、1.0、43.0	1.000 000	（0.48 × 43.0+2.02 × 1.0）× 1 × 1	22.660	4 297.00			0.750	32.228	4 329.230
2003005	钢板	t	4 438.050	白城市—工地	汽车、1.0、43.0	1.000 000	（0.48 × 43.0+2.02 × 1.0）× 1 × 1	22.660	4 460.71			0.750	33.455	4 494.170
2003008	钢管	t	4 973.450	白城市—工地	汽车、1.0、43.0	1.000 000	（0.48 × 43.0+2.02 × 1.0）× 1 × 1	22.660	4 996.11			0.750	37.471	5 033.580
2003012	镀锌钢板	t	6 460.180	白城市—工地	汽车、1.0、43.0	1.000 000	（0.48 × 43.0+2.02 × 1.0）× 1 × 1	22.660	6 482.84			0.750	48.621	6 531.460
2003015	钢管立柱	t	7 256.640	白城市—工地	汽车、1.0、43.0	1.000 000	（0.48 × 43.0+2.02 × 1.0）× 1 × 1	22.660	7 279.30			0.750	54.595	7 333.890
2003017	波形钢板	t	7 079.650	白城市—工地	汽车、1.0、43.0	1.000 000	（0.48 × 43.0+2.02 × 1.0）× 1 × 1	22.660	7 102.31			0.750	53.267	7 155.580
2003021	钢管桩	t	7 256.640	白城市—工地	汽车、1.0、43.0	1.000 000	（0.48 × 43.0+2.02 × 1.0）× 1 × 1	22.660	7 279.30			0.750	54.595	7 333.890
2003022	钢护筒	t	6 991.150	白城市—工地	汽车、1.0、43.0	1.000 000	（0.48 × 43.0+2.02 × 1.0）× 1 × 1	22.660	7 013.81			0.750	52.604	7 066.410
2003025	钢模板	t	6 814.160	白城市—工地	汽车、1.0、43.0	1.000 000	（0.48 × 43.0+2.02 × 1.0）× 1 × 1	22.660	6 836.82			0.750	51.276	6 888.100

编制：× × ×　　　　复核：× × ×

表 3-16　材料预算单价计算表

建设项目名称：× × 大桥

编制范围：× × 大桥　　　　第 2 页　共 5 页　　　　22 表

代号	规格名称	单位	原价（元）	运杂费					原价运费合计（元）	场外运输损耗		采购及保管费		预算单价（元）
				供应地点	运输方式、比重及运距（km）	毛质量系数或单位毛质量	运杂费构成说明或计算式	单位运费（元）		费率（%）	金额（元）	费率（%）	金额（元）	
2003026	组合钢模板	t	6 637.170	白城市—工地	汽车、1.0、43.0	1.000 000	（0.48 × 43.0+2.02 × 1.0）× 1 × 1	22.660	6 659.83			0.750	49.949	6 709.780
2003027	门式钢支架	t	4 955.750	白城市—工地	汽车、1.0、43.0	1.000 000	（0.48 × 43.0+2.02 × 1.0）× 1 × 1	22.660	4 978.41			0.750	37.338	5 015.750
2003028	安全爬梯	t	8 076.920	白城市—工地	汽车、1.0、43.0	1.000 000	（0.48 × 43.0+2.02 × 1.0）× 1 × 1	22.660	8 099.58			0.420	34.018	8 133.600
2003042	钢丸	t	3 760.680	白城市—工地	汽车、1.0、43.0	1.000 000	（0.48 × 43.0+2.02 × 1.0）× 1 × 1	22.660	3 783.34			0.750	28.375	3 811.720
2003044	铁皮	m^2	21.240	白城市—工地	汽车、1.0、43.0	0.004 320	（0.48 × 43.0+2.02 × 1.0）× 1 × 0.004 32	0.100	21.34			0.750	0.160	21.500
2009002	钢钎	kg	6.460	白城市—工地	汽车、1.0、43.0	0.001 000	（0.48 × 43.0+2.02 × 1.0）× 1 × 0.001	0.020	6.48			2.060	0.133	6.610
2009011	电焊条	kg	4.420	白城市—工地	汽车、1.0、43.0	0.001 100	（0.48 × 43.0+2.02 × 1.0）× 1 × 0.001 1	0.020	4.44			2.060	0.091	4.530
2009013	螺栓	kg	11.500	白城市—工地	汽车、1.0、43.0	0.001 000	（0.48 × 43.0+2.02 × 1.0）× 1 × 0.001	0.020	11.52			2.060	0.237	11.760
2009028	铁件	kg	4.690	白城市—工地	汽车、1.0、43.0	0.001 100	（0.48 × 43.0+2.02 × 1.0）× 1 × 0.001 1	0.020	4.71			2.060	0.097	4.810
2009029	镀锌铁件	kg	7.080	白城市—工地	汽车、1.0、43.0	0.001 100	（0.48 × 43.0+2.02 × 1.0）× 1 × 0.001 1	0.020	7.10			2.060	0.146	7.250
2009030	铁钉	kg	4.690	白城市—工地	汽车、1.0、43.0	0.001 100	（0.48 × 43.0+2.02 × 1.0）× 1 × 0.001 1	0.020	4.71			2.060	0.097	4.810

续表

代号	规格名称	单位	原价（元）	运杂费					原价运费合计（元）	场外运输损耗		采购及保管费		预算单价（元）
				供应地点	运输方式、比重及运距（km）	毛质量系数或单位毛质量	运杂费构成说明或计算式	单位运费（元）		费率（%）	金额（元）	费率（%）	金额（元）	
2009033	铸铁管	kg	4.420	白城市—工地	汽车、1.0、43.0	0.001 000	（0.48 × 43.0+2.02 × 1.0）× 1 × 0.001	0.020	4.44			2.060	0.091	4.530
3001001	石油沥青	t	2 796.460	辽宁盘锦—沥青储运站 沥青储运站—工地	火车、1.0、650.0 汽车、1.0、45.0	1.000 000	[（0.13 × 650.0+25.54 × 1.0+19.62）× 1+0.67 × 45.0 × 1] × 1	159.810	2 956.27			2.060	60.899	3 017.170
3001005	乳化沥青	t	2 349.560	辽宁盘锦---沥青储运站 沥青储运站---工地	火车、1.0、650.0 汽车、1.0、45.0	1.000 000	[（0.13 × 650.0+25.54 × 1.0+19.62）× 1+0.67 × 45.0 × 1] × 1	159.810	2 509.37			2.060	51.693	2 561.060
3003001	重油	kg	2.920	白城市---工地	汽车、1.0、43.0	0.001 000	（0.67 × 43.0+2.02 × 1.0）× 1 × 0.001	0.030	2.95			3.260	0.096	3.050
3003002	汽油	kg	7.240	当地---工地	汽车、1.0、10.0	0.001 000	（0.67 × 10.0+1.38）× 1 × 0.001	0.010	7.25			3.260	0.236	7.490

编制：× × ×　　　　复核：× × ×

表 3-17　施工机械台班单价计算表

建设项目名称：× × 大桥

编制范围：× × 大桥　　　　第 1 页　共 5 页　　　　24 表

序号	代号	机械名称	台班单价（元）	不变费用（元）		可变费用（元）																	
				调整系数		机械工		重油		汽油		柴油		煤		电		水		木柴		车船税	合计
				1.0		105.49 元/工日		3.05 元/kg		7.49 元/kg		6.59 元/kg		580 元/t		1.41 元/kW·h		0.6 元/m³		0.8 元/kg			
				定额	调整值	定额	费用	定额	费用	定额	费用	定额	费用	定额	费用	定额	费用	定额	费用	定额	费用		
1	1369	1.5 t 双排座客货汽车	323.72	68.430	68.43	1.000	105.49			20.000	149.80												255.29
2	8001002	75 kW 以内履带式推土机	835.90	262.670	262.67	2.000	210.98					54.970	362.25										573.23
3	8001003	90 kW 以内履带式推土机	989.66	347.890	347.89	2.000	210.98					65.370	430.79										641.77
4	8001027	1.0 m³ 履带式单斗挖掘机	1 129.76	425.120	425.12	2.000	210.98					74.910	493.66										704.64
5	8001030	2.0 m³ 履带式单斗挖掘机	1 421.51	604.710	604.71	2.000	210.98					91.930	605.82										816.80
6	8001035	1.0 m³ 履带式单斗挖掘机	995.63	358.340	358.34	2.000	210.98					64.690	426.31										637.29
7	8001037	2.0 m³ 履带式单斗挖掘机	1 561.81	745.010	745.01	2.000	210.98					91.930	605.82										816.80
8	8001045	1.0 m³ 轮胎式装载机	545.90	114.160	114.16	1.000	105.49					49.030	323.11									3.14	431.74

续表

序号	代号	机械名称	台班单价（元）	不变费用（元）		可变费用（元）																	
				调整系数		机械工		重油		汽油		柴油		煤		电		水		木柴		车船税	合计
				1.0		105.49 元/工日		3.05 元/kg		7.49 元/kg		6.59 元/kg		580 元/t		1.41 元/kw·h		0.6 元/m³		0.8 元/kg			
				定额	调整值	定额	费用	定额	费用	定额	费用	定额	费用	定额	费用	定额	费用	定额	费用	定额	费用		
9	8001047	2.0 m³ 轮胎式装载机	911.96	188.380	188.38	1.000	105.49					92.860	611.95									6.14	723.58
10	8001058	120 kW 以内平地机	1 123.90	365.130	365.13	2.000	210.98					82.130	541.24									6.55	758.77
11	8001078	6~8 t 光轮压路机	343.91	111.890	111.89	1.000	105.49					19.200	126.53										232.02
12	8001079	8~10 t 光轮压路机	375.98	117.600	117.60	1.000	105.49					23.200	152.89										258.38
13	8001080	10~12 t 光轮压路机	483.38	156.470	156.47	1.000	105.49					33.600	221.42										326.91
14	8001081	12~15 t 光轮压路机	552.30	183.210	183.21	1.000	105.49					40.000	263.60										369.09

编制：× × ×　　复核：× × ×

表 3-18　施工机械台班单价计算表

建设项目名称：×× 大桥

编制范围：×× 大桥　　　　第 2 页　共 5 页　　　　24 表

序号	代号	机械名称	台班单价（元）	不变费用（元）		可变费用（元）																车船税	合计
				调整系数		机械工		重油		汽油		柴油		煤		电		水		木柴			
				1.0		105.49 元/工日		3.05 元/kg		7.49 元/kg		6.59 元/kg		580 元/t		1.41 元（kW·h）		0.6 元/m³		0.8 元/kg			
				定额	调整值	定额	费用	定额	费用	定额	费用	定额	费用	定额	费用	定额	费用	定额	费用	定额	费用		
15	8001083	18~21 t 光轮压路机	701.82	206.200	206.20	1.000	105.49					59.200	390.13										495.62
16	8001085	0.6 t 手扶式振动碾	161.10	34.520	34.52	1.000	105.49					3.200	21.09										126.58
17	8003005	235 kW 以内稳定土拌和机	1 886.92	702.470	702.47	2.000	210.98					147.720	973.47										1 184.45
18	8003038	4 000 L 以内沥青洒布车	562.14	197.330	197.33	1.000	105.49			34.280	256.76											2.56	364.81
19	8003040	8 000 L 以内沥青洒布车	796.25	360.290	360.29	1.000	105.49					49.370	325.35									5.12	435.96
20	8003059	9.0 m 以内沥青混合料摊铺机	2 566.46	1 617.350	1 617.35	3.000	316.47					96.000	632.64										949.11
21	8003063	10 t 以内双钢轮振动压路机	1 047.66	478.180	478.18	2.000	210.98					54.400	358.50										569.48
22	8003066	9~16 t 轮胎式压路机	621.59	294.680	294.68	1.000	105.49					33.600	221.42										326.91

续表

序号	代号	机械名称	台班单价（元）	不变费用（元）		可变费用（元）																车船税	合计
				调整系数		机械工		重油		汽油		柴油		煤		电		水		木柴			
				1.0		105.49 元/工日		3.05 元/kg		7.49 元/kg		6.59 元/kg		580 元/t		1.41 元（kW·h）		0.8 元/m³		0.6 元/kg			
				定额	调整值	定额	费用	定额	费用	定额	费用	定额	费用	定额	费用	定额	费用	定额	费用	定额	费用		
23	8003067	16~20 t 轮胎式压路机	728.69	343.780	343.78	1.000	105.49					42.400	279.42										384.91
24	8003068	20~25 t 轮胎式压路机	910.11	472.480	472.48	1.000	105.49					50.400	332.14										437.63
25	8003070	热熔标线设备	756.72	204.620	204.62	2.000	210.98			45.330	339.52											1.60	552.10
26	8005002	250 L 以内强制式混凝土搅拌机	207.42	25.510	25.51	1.000	105.49									54.200	76.42						181.91
27	8005031	6 m³ 以内混凝土搅拌运输车	1 271.14	795.090	795.09	1.000	105.49					55.320	364.56									6.00	476.05
28	8005058	40 m³/h 以内混凝土搅拌站	1 425.69	536.720	536.72	3.000	316.47									406.030	572.50						888.97

编制：× × ×　　　　复核：× × ×

表 3-19　工程量清单表

合同段：× × 大桥　　　　标表 2

第 100 章　总　　则					
子目号	**子目名称**	**单位**	**数量**	**单价（元）**	**合价（元）**
101	通则				
101-1	保险费				
-a	按合同条款规定，提供建筑工程一切险	总额			74 938
-b	按合同条款规定，提供第三者责任险	总额			3 500
102	工程管理				
102-1	竣工文件	总额			20 000
102-2	施工环保费	总额			20 000
102-3	安全生产费	总额			369 154
103	临时工程与设施				
103-1	临时道路修建、养护与拆除（包括原道路的养护）	总额	1.000	449 125.89	449 126
103-2	临时占地	总额			167 310
103-5	临时供水与排污设施	总额			
103-6	临时交通工程				
-a	施工标志牌	套	2.000	908.12	1 816
-b	锥形标	个	200.000	36.39	7 278
-c	彩色尼龙绳	m	200.000	3.38	676
104	承包人驻地建设				
104-1	承包人驻地建设	总额			766 631
105-3	拌和站				
-a	水泥混凝土拌和站	总额	1.000	190 545.71	190 546
第 100 章　合计　人民币　2 070 975 元					

清单　第 1 页　共 6 页

表 3-20　工程量清单表

合同段：× × 大桥　　　　标表 2

第 200 章　路基					
子目号	子目名称	单位	数量	单价（元）	合价（元）
203	挖方路基				
203-1	路基挖方				
-a	挖土方	m^3	23.000	16.39	377
-d	挖淤泥	m^3	12 082.000	23.31	281 631
204	填方路基				
204-1	路基填筑（包括填前压实）				
-d	借土填方	m^3	23 004.000	33.46	769 714
-h	结构物台背回填				
-h-1	回填砂砾	m^3	661.930	116.92	77 393
-i	锥坡及台前溜坡填土				
-i-1	砂砾土	m^3	279.200	174.61	48 751
205	特殊地区路基处理				
205-1	软土路基处理				
-c	垫层				
-c-2	砂砾垫层	m^3	12 082.000	116.92	1 412 627
207	坡面排水				
207-11	踏步				
-a	C30 混凝土	m^3	13.240	1 138.54	15 074
-b	机制砌块	m^3	9.280	1 040.06	9 652
208	护坡、护面墙				
208-1	护坡垫层				
-a	砂砾垫层	m^3	1 221.120	172.28	210 375
208-4	混凝土护坡				
-f	机制砌块	m^3	470.720	1 226.61	577 390
-g	现浇混凝土护坡				
-g-1	C30 混凝土	m^3	2 156.810	873.39	1 883 736
215	河道防护				
215-2	导流设施（护岸墙、顺坝、丁坝、调水坝、锥坡）				
-b	混凝土				
-b-1	现浇 C30 混凝土	m^3	92.700	975.21	90 402
-c	石笼	m^3	7 299.340	364.76	2 662 507
-d	机制砌块	m^3	27.600	1 155.68	31 897
第 200 章　合计　人民币　8 071 526 元					

清单　第 2 页　共 6 页

表 3-21　工程量清单表

合同段：× × 大桥　　　　标表 2

第 300 章　路面					
子目号	子目名称	单位	数量	单价	合价
302	垫层				
302-2	砂砾垫层				
-a	天然砂砾				
-a-1	厚 20 cm	m^2	7 795.000	24.73	192 770
304	水泥稳定土底基层、基层				
304-1	水泥稳定土底基层				
-a	水泥稳定砂砾底基层（5：95）				
-a-1	厚 20 cm	m^2	5 729.000	37.67	215 811
304-2	搭板、埋板下水泥稳定土底基层				
-a	水泥稳定砂砾基层	m^3	112.740	192.11	21 658
304-3	水泥稳定土基层				
-a	水泥稳定砂砾基层（5.5：94.5）				
-a-1	厚 25 cm	m^2	5 507.000	51.57	283 996
308	透层和黏层				
308-1	透层				
-b	乳化沥青透层	m^2	5 507.000	3.70	20 376
308-2	黏层				
-b	乳化沥青黏层	m^2	5 286.000	1.51	7982
309	热拌沥青混合料面层				
309-1	细粒式沥青混合料				
-a	AC-13 细粒式沥青混凝土面层				
-a-1	厚 4 cm	m^2	5 286.000	58.85	311 081
-b	AC-20 中粒式沥青混凝土面层				
-b-1	厚 5 cm	m^2	5 286.000	70.57	373 033
313	路肩培土、土路肩加固及路缘石				
313-1	路肩培土	m^3	742.400	40.51	30 075
316	其他路面				
316-1	粒料顺坡	m^3	34.000	130.93	4 452
第 300 章　合计　人民币　1 461 234 元					

清单　第 3 页　共 6 页

表 3-22 工程量清单表

合同段：× × 大桥　　　　标表 2

第 400 章 桥梁、涵洞					
子目号	子目名称	单位	数量	单价(元)	合价(元)
403	钢筋				
403-1	基础钢筋				
-a	光圆钢筋(HPB235、HPB300)	kg	14 974.880	6.08	91 047
-b	带肋钢筋(HRB335、HRB400)	kg	77 638.280	5.93	460 395
403-2	下部结构钢筋				
-b	带肋钢筋(HRB335、HRB400)	kg	103 477.720	6.20	641 562
403-3	上部结构钢筋				
-a	光圆钢筋(HPB235、HPB300)	kg	10 775.460	6.48	69 825
-b	带肋钢筋(HRB335、HRB400)	kg	431 773.570	6.33	2 733 127
403-4	附属结构钢筋				
-a	光圆钢筋(HPB235、HPB300)	kg	2 173.060	6.71	14 581
-b	带肋钢筋(HRB335、HRB400)	kg	43 899.280	6.72	295 003
403-5	永久观测点水尺				
-b	带肋钢筋(HRB335、HRB400)	kg	1.190	105.22	125
404	基坑开挖及回填				
404-1	干处挖土方	m^3	790.000	34.87	27 547
404-2	水下挖土方	m^3	2 400.000	34.87	83 688
405	钻孔灌注桩				
405-1	钻孔灌注桩				
-a	陆上钻孔灌注桩				
-a-1	桩径 150 cm	m	824.000	2 636.21	2 172 237
410	结构混凝土工程				
410-1	混凝土基础				
-a	C30 混凝土	m^3	34.310	684.81	23 496
410-2	混凝土下部结构				
-b	桥墩混凝土				
-b-1	C40 混凝土	m^3	128.930	885.75	114 200
-c	盖梁混凝土				
-c-1	C40 混凝土	m^3	398.110	1 050.06	418 039
-d	台帽混凝土				
-d-1	C40 混凝土	m^3	28.550	1 111.94	31 746
410-5	桥梁上部结构现浇整体化混凝土				
-a	C50 防腐蚀补偿收缩防水混凝土	m^3	600.850	952.29	572 183

续表

第 400 章　桥梁、涵洞					
子目号	子目名称	单位	数量	单价（元）	合价（元）
410-6	现浇混凝土附属结构				
-e	护栏				
-e-1	C50 防腐蚀补偿收缩防水混凝土	m^3	52.980	1 076.73	57 045
-f	桥头搭板				
-f-1	C30 混凝土	m^3	45.280	684.98	31 016
-h	抗震挡块				
-h-1	C40 混凝土	m^3	12.750	895.15	11 413
-i	支座垫石				
-i-1	C40 混凝土	m^3	6.700	1 277.65	8 560
411	预应力混凝土工程				

清单　第 4 页　共 6 页

表 3-23　工程量清单表

合同段：× × 大桥　　　　标表 2

第 400 章　桥梁、涵洞（续上表）					
子目号	子目名称	单位	数量	单价（元）	合价（元）
411-5	后张法预应力钢绞线	kg	53 747.160	14.55	782 021
411-8	预制预应力混凝土上部结构				
-e	箱梁				
-e-1	C50 混凝土	m^3	1 384.560	1 881.53	2 605 091
415	桥面铺装				
415-1	沥青混凝土桥面铺装				
-a	沥青混凝土				
-a-1	AC-13 细粒式沥青混凝土	m^3	137.720	1 465.53	201 833
-a-2	AC-20 中粒式沥青混凝土	m^3	172.150	1 405.78	242 005
-e	黏层油	m^2	3 575.340	1.51	5 399
415-3	防水层				
-a	桥面混凝土表面处理				
-a-1	抛丸	m^2	3 610.500	11.27	40 690
-b	铺设防水层				
-b-1	AMP-100 防水层	m^2	3 610.500	22.44	81 020
415-4	桥面排水				
-a	竖、横向集中排水管				
-a-4	泄水管	kg	1 026.000	5.86	6 012
415-5	硅烷浸渍	m^2	569.930	39.74	22 649
416	桥梁支座				
416-1	板式橡胶支座				
-a	固定支座				
-a-1	板式橡胶支座	dm^3	785.088	79.08	62 085
-b	活动支座				
-b-1	圆形滑板支座	dm^3	220.560	190.36	41 986
416-5	减震垫板	dm^3	183.000	75.30	13 780
417	桥梁接缝和伸缩装置				
417-2	模数式伸缩装置				
-a	LDF-80 型伸缩缝	m	24.070	1 667.08	40 127
417-3	梳齿板式伸缩装置				
-a	RBKF160 型伸缩缝	m	24.070	7 193.03	173 136
第 400 章　合计　人民币　12 174 670 元					

清单　第 5 页　共 6 页

表 3-24　工程量清单表

合同段：× × 大桥　　　　标表 2

第 600 章　安全设施及预埋管线					
子目号	子目名称	单位	数量	单价(元)	合价(元)
602	护栏				
602-3	波形梁护栏				
-a	路侧波形梁钢护栏				
-a-1	Gr-A-2E	m	1 418.000	413.53	586 386
-c	波形梁钢护栏端头				
-c-1	D-II 型	个	4.000	278.16	1 113
-d	新建 A 级护栏与桥梁三横梁护栏连接段				
-d-1	Gr-A-2E	m	48.000	681.71	32 722
-e	桥梁护栏	m	614.000	1 032.54	633 980
604	道路交通标志				
604-5	单悬臂式交通标志	个	2.000	9 060.86	18 122
604-7	附着式交通标志				
-a	桥梁信息牌	个	2.000	73.21	146
605	道路交通标线				
605-1	热熔型涂料路面标线				
-a	热熔型标线	m^2	183.000	36.54	6 687
605-5	轮廓标				
-b	附着式轮廓标	个	48.000	5.73	275
第 600 章　合计　人民币　1 279 430 元					

清单　第 6 页　共 6 页

表 3-25　投标报价汇总表

合同段：×× 大桥

标表 1

序号	章次	科目名称	金额（元）
1	100	总则	2 070 975
2	200	路基	8 071 526
3	300	路面	1 461 234
4	400	桥梁、涵洞	12 174 670
5	600	安全设施及预埋管线	1 279 430
6	第 100 章至第 700 章合计		25 057 835
7	已包含在清单合计中的材料、工程设备、专业工程暂估价合计		
8	清单合计减去材料、工程设备、专业工程暂估价合计		25 057 835
9	计日工合计		
10	暂列金额（不含计日工总额）		
11	投标报价		25 057 835

清单　第 1 页　共 1 页

表 3-26　工程细目单价构成分析表

合同段编号：× × 大桥　　　　第 1 页　共 9 页　　　　15 表

细目号	细　目　名　称	定额表号	单位	工程数量	工序单价（元）
101-1	保险费				
-a	按合同条款规定，提供建筑工程一切险		总额		
-b	按合同条款规定，提供第三者责任险		总额		
102	工程管理				
102-1	竣工文件		总额		
102-2	施工环保费		总额		
102-3	安全生产费		总额		
103	临时工程与设施				
103-1	临时道路修建、养护与拆除		总额	1.000	449 125.89
	斗容量 2.0 m^3 以内挖掘机挖装硬土	13-1-1-9-9	1 000 m^3 天然密实方	1.350	3 630.41
	运输（18 km）（数量 × 单价）	1	m^3	1 390.500	13.25
	土底线（数量 × 单价）	2	m^3	1 390.500	11.35
	10~12 t 光轮压路机碾压土方	30-1-1-18-10	1 000 m^3 压实方	1.350	4 632.03
	路面垫层机械铺砂砾（压实厚度 50 cm）	166-2-1-1-12	1 000 m^3	2.100	61 466.52
	汽车便道养护路基宽 4.5 m	1129-7-1-1-8	1 km·月	6.400	1 812.69
	斗容量 2.0 m^3 以内挖掘机挖装硬土	13-1-1-9-9	1 000 m^3 天然密实方	2.400	3 524.86
	运输（18 km）（数量 × 单价）	1	m^3	2 400.000	13.25
	汽车便桥墩（桩长 10 m 以内）	1130-7-1-2-2	1 座	2.000	4 469.08
	简易汽车钢便桥	1130-7-1-2-1	10 m	4.000	39 234.22
	轨道铺设在路基上钢轨重 32 kg/m	1135-7-1-4-3	100 m	2.000	14 665.42
	轨道铺设在桥面上钢轨重 32 kg/m	1135-7-1-4-4	100 m	2.800	9 857.64
103-2	临时占地		总额		
103-5	临时供水与排污设施		总额		
103-6	临时交通工程				
-a	施工标志牌		套	2.000	908.12
	施工标志牌	借吉 15 普养营改增 7-2-1	10 套	0.200	9 081.20
-b	锥形标		个	200.000	36.39
	施工隔离标志	借吉 15 普养营改增 7-2-2	100 个	2.000	3 638.60
-c	彩色尼龙绳		m	200.000	3.38
	施工安全临时维护	借吉 15 普养营改增 7-2-3	100 m	2.000	337.56
104	承包人驻地建设				

续表

细目号	细 目 名 称	定额表号	单位	工程数量	工序单价（元）
104-1	承包人驻地建设		总额		
105-3	拌和站				
-a	水泥混凝土拌和站		总额	1.000	190 545.71
	40 m^3/h 以内混凝土搅拌站（楼）安拆	909-4-11-11-9	1 座	1.000	190 545.71
203-1	路基挖方				
-a	挖土方		m^3	23.000	16.39
	斗容量 2.0 m^3 以内挖掘机挖装普通土	13-1-1-9-8	1 000 m^3 天然密实方	0.023	3 133.83
	运输（18 km）（数量 × 单价）	1	m^3	23.000	13.25
-d	挖淤泥		m^3	12 082.000	23.31
	挖掘机挖装淤泥、流沙	6-1-1-2-5	1 000 m^3	12.082	8 726.20
	运输（18 km）（数量 × 单价）	1	m^3	13 290.200	13.25

编制：× × ×　　　　复核：× × ×

表 3-27　工程细目单价构成分析表

合同段编号：× × 大桥　　　　第 2 页　共 9 页　　　　15 表

细目号	细 目 名 称	定额表号	单位	工程数量	工序单价（元）
204-1	路基填筑（包括填前压实）				
-d	借土填方		m^3	23 004.000	33.46
	斗容量 2.0 m^3 以内挖掘机挖装硬土	13-1-1-9-8	1 000 m^3 天然密实方	23.004	3 630.41
	运输（18 km）（数量 × 单价）	1	m^3	23 694.120	13.25
	土底线（数量 × 单价）	2	m^3	23 694.120	11.35
	10~12 t 光轮压路机碾压土方	30-1-1-18-10	1 000 m^3 压实方	22.262	4 632.03
204-1-h	结构物台背回填				
-h-1	回填砂砾		m^3	661.930	116.92
	砂砾地基垫层	52-1-2-12-2	1 000 m^3	0.662	116 921.46
204-1-i	锥坡及台前溜坡填土				
-i-1	砂砾土		m^3	279.200	174.61
	锥坡填土	890-4-11-2-1	10 m^3 实体	27.920	1 746.07
205-1-c	垫层				
-c-2	砂砾垫层		m^3	12 082.000	116.92
	砂砾地基垫层	52-1-2-12-2	1 000 m^3	12.082	116 921.46
207-11	踏步				
-a	C30 混凝土		m^3	13.240	1 138.54

续表

细目号	细　目　名　称	定额表号	单位	工程数量	工序单价（元）
	现浇混凝土急流槽	1~3~4~15	10 m^3	1.324	6 653.35
	基础垫层填砂砾（砂）	4~11~5~1	10 m^3 实体	1.333	1 722.80
	人工挖运硬土第一个 20 m	1~1~6~3	1 000 m^3 天然密实方	0.076	31 061.06
	斗容量 2 m3 以内装载机装土方	1~1~10~2	1 000 m^3 天然密实方	0.076	1 789.65
	运输（18 km）（数量 × 单价）	1	m^3	76.250	13.25
	40 m3/h 以内混凝土拌和站（楼）拌和	4~11~11~14	100 m^3	0.135	1 618.44
	6 m3 以内搅拌运输车运混凝土 1 km	4~11~11~24	100 m^3	0.135	1 726.17
-b	机制砌块		m^3	9.280	1 040.06
.	6 t 以内载重汽车第一个 1 km（汽车式起重机装卸）	4~8~3~8	100 m^3 实体	0.093	4 888.41
	预制混凝土预制块、席块护坡	1~4~6~1	10 m^3	0.928	7 356.41
	铺砌混凝土席块（坡高 10 m 以内）	1~4~6~5	10 m^3	0.928	2 214.07
	40 m3/h 以内混凝土拌和站（楼）拌和	4~11~11~14	100 m^3	0.095	1 618.44
	6 m3 以内搅拌运输车运混凝土 1 km	4~11~11~24	100 m^3	0.095	1 726.18
208-1	护坡垫层				
-a	砂砾垫层		m^3	1 221.120	172.28
	基础垫层填砂砾（砂）	4~11~5~1	10 m3 实体	122.112	1 722.81
208-4	混凝土护坡				
-f	机制砌块		m^3	470.720	1 226.61
	铺砌混凝土席块（坡高 10 m 以内）	1~4~6~5	10 m3	47.072	2 214.07
	预制混凝土预制块、席块护坡	1~4~6~1	10 m3	47.072	7 356.41
	6 t 以内载重汽车第一个 1 km（汽车式起重机装卸）	4~8~3~8	100 m3 实体	4.707	4 888.41
	2.0 m3 以内挖掘机挖基坑≤1500 m3 土方	4~1~3~4	1000 m3	0.941	22 664.63
	运输（18 km）（数量 × 单价）	1	m3	941.440	13.25
	土工布处理软土路基	1~2~9~1	1000 m2 处理面积	4.503	11 994.07
	40 m3/h 以内混凝土拌和站（楼）拌和	4~11~11~14	100 m3	4.802	1 618.44

编制：xxx　　　　复核：xxx

实训报告

日期：　　　　　班级：　　　　　组别：　　　　　姓名：　　　　　学号：

实训任务	招标控制价编制	成绩	
实训目的	通过此次实训，使学生明确招标控制价与概预算的主要区别；掌握招标控制价的编制方法和步骤，编制招标控制价时需要注意的事项以及如何编制招标控制价。		

实训内容

1. 列式计算表 3-28 中工、料、机单价和金额值，并填入表中。

表 3-28　填制工料机单价、金额值

代号	工、料、机名称	单位	单价(元)	定额	数量	金额(元)
1001001	人工	工日	105.49	14.100	18.668	
2003026	组合钢模板	t	6 709.78	0.020	0.026	
2009028	铁件	kg	4.81	6.100	8.076	
3001001	石油沥青	t	3 017.17	0.013	0.017	
3005004	水	m^3	4.02	12.000	15.888	
5503005	中(粗)砂	m^3	116.20	4.896	6.482	
5503007	砂砾堆方	m^3	79.05	12.750	16.996	
5505012	碎石(2 cm)	m^3	130.06	8.058	10.669	
5509002	42.5 级水泥	t	396.60	3.958	5.240	
7801001	其他材料费	元	1.00	14.900	19.728	
8001047	2.0 m^3 轮胎式装载机	台班	911.96	1.410	0.108	
9999001	定额基价	元	1.00	4 321.000	5 721.000	
	直接费	元				
	措施费 Ⅰ	元		5.710%		113.30
	措施费 Ⅱ	元		1.171%		66.99
	企业管理费	元		4.822%		275.89
	规费	元		32.400%		638.06
	利润	元		7.235%		446.89
	税金	元		9.000%		727.35
	金额合计	元				

2. 计算招标控制价的准备工作有哪些？如何编制招标控制价？

续表

实训内容

3. 分析确定表 3-29 中工、料、机费用来源，列式计算综合费用并填入表中。

表 3-29 填制综合费用

编号	项目名称	单位	工程量	人工费（元）	材料费（元）	机械费（元）	综合费率（%）	综合费（元）
202-2-a	挖除水泥混凝土旧路面	m^3	420.750	13 825	9 890	27 677	21.361	
308-1-a	乳化沥青透层	m^2	3 456.000	20 150	47 100	11 088	21.121	
308-2-a	乳化沥青黏层	m^2	3 456.000	17 560	57 660	17 949	21.181	
309-1-a-1	厚 3.5 cm AC-13 细粒式沥青混凝土面层	m^2	40 719.300	24 828	792 667	57 867	21.175	
309-2-a-1	厚 4 cm AC-16 中粒式沥青混凝土面层	m^2	40 719.300	30 720	916 816	113 966	21.066	
312-3-a	厚 20 cm 水泥混凝土基层	m^2	718.000	26 300	308 745	122 691	21.099	
316-2-c	厚 26 cm 水泥稳定碎石基层	m^2	3 482.380	30 250	470 564	164 579	21.251	
316-3-a	厚 2 cmAC-16 中粒式沥青混凝土调平层	m^3	70.100	29 590	151 367	139 024	21.232	

4. 招标控制价与概预算的主要区别有哪些？

实训总结

实训二　公路工程投标报价文件编制

一、实训目的与要求

(1)明确投标报价的组成部分及内容。

(2)掌握投标报价文件编制的程序和方法。

(3)学会投标报价的计算方式。

(4)掌握投标报价的策略与技巧。

(3)学会编制投标报价文件。

二、实训方法与步骤

(1)研究招标文件。

(2)草拟初步施工组织设计方案、提出考察工程现场的提纲。

(3)考察工程现场,进行市场调查,收集编标所需要的各种资料、价格;按需要向业主、咨询工程师书面提出问题,参加业主召开的标前会议,澄清有关部门问题。

(4)校核汇总工程数量。

(5)计算施工及临时工程费用。

(6)计算分部分项工程费用,包括人工费、材料费、施工机械使用费、企业管理费和利润。

(7)计算措施项目费用,包括施工准备和施工过程中技术、生活、安全、环境保护等方面的非工程实体项目费用。

(8)计算其他项目费用,包括暂列金额、暂估价、计日工和总承包服务费。

(9)计算规费,包括养老保险费、失业保险费、医疗保险费、工伤保险费和住房公积金。

(10)计算税金,包括计入建筑安装工程造价内的增值税、城市维护建设税和教育费附加。

(11)分析成本、利润金额。

(12)保本价格分析。

(13)最终报价、形成正式投标文件。

(14)递送投标文件,参加开标会议。

三、注意事项

1. 仔细核实工程量

工程量是整个计算标价工作的基础。招标项目的工程量在招标文件的工程量清单中有详细说明,但由于种种原因,工程量清单中的工程数量有时会和图纸中的数量存在不一致的现象。因此,有必要对工程数量进行复核。

核实工程量可从两方面入手:一是认真研究招标文件,吃透技术规范;二是通过切实的考察取得第一手资料。具体来讲应做好以下几项工作:

(1)全面核实设计图纸中各分项工程的工程量;

(2)计算受施工方案影响而需额外发生和消耗的工程量;

(3)根据技术规范中计量与支付的规定,对以上数量进行折算,在折算过程中有时需要对设计图纸中的工程量进行分解或合并。

2. 重视施工组织设计的编制

在编制施工组织设计时,应注意以下事项。

(1)充分满足技术上的先进性和可靠性,最大限度地提高劳动生产率,降低施工成本。

(2)充分利用现有的施工机械设备,提高施工机械的使用率以降低机械施工成本。

(3)采用先进的管理手段,优化施工进度计划,选择最优施工排序,均衡安排施工,尽量避免施工高峰的赶工现象和施工低谷中的窝工现象,机动安排非关键线路上的剩余资源,从非关键线路上要效益。

(4)适当聘用当地员工或临时工,降低施工队伍调遣费,减少窝工现象。

3. 明确报价的组成部分及内容

一个项目的投标报价由以下三部分组成:施工成本、利润和税金、风险费用。在投标报价中应科学地编制以上三项费用,使总报价既有竞争力,又有利可图。

4. 掌握市场情报和信息,确定投标策略

报价策略是投标单位在激烈竞争的环境下为了企业的生存与发展而可能使用的对策,一般包括盈利策略、微利保本策略、低价亏损策略、冒险投标策略、优化设计策略等。报价策略运用是否得当,对投标单位能否中标和获得的利润影响很大。

四、实训范例

(一)工程概况

1. 概述

芜太公路高淳段养护改善工程位于江苏省高淳区境内,施工起讫桩号K18+000~K34+500,全长16.5公里,起点位于高淳变电所太安路交叉口处,终点位于河定桥边,本合同段为二级公路的改造工程,沥青混凝土路面,施工时封闭交通。

2. 地理情况及气象水文

本路线区域位于长江冲积平原外缘，本合同段地形起伏较大，全线场地内主要为农田、沟塘，部分地段水网密布。场地地貌隶属岗地微丘下坳沟地貌单元。该地区位于长江下游，属亚热带季风气候区，气候受季风环流影响较大，四季分明，冬夏温差显著，春季天气多变，初夏梅雨多水。该地区光照充足，全年平均无霜期237天。

3. 交通与运输条件

施工区段内交通便利，沿线筑路材料供应丰富。

4. 技术标准

本项目按二级公路标准设计，路面结构采用沥青混凝土路面，设计使用年限为12年。主线设计行车速度为80 km/h，平均设计车道累计当量轴次为205.12万次/车道沥青混凝土路面，设计弯沉为0.361 mm。设计荷载为汽-20级，挂-100级，路基宽度为17 m，路面宽度为14 m。桥涵与路基同宽，道路路线呈东西走向。

5. 主要工程量

1）基层

厚20 cm水泥混凝土：71.8 m^2。

厚26 cm水泥稳定碎石：3 482.38 m^2。

2）面层

乳化沥青透层：3 456 m^2。

乳化沥青黏层：78 246.60 m^2。

厚3.5 cmAC-13I细粒式沥青混凝土上面层：40 719.30 m^2。

厚5 cmAC-13I细粒式沥青混凝土上面层：264.00 m^2。

厚4 cmAC-16中粒式沥青混凝土下面层：40 719.30 m^2。

厚2 cmAC-16中粒式沥青混凝土调平层：70.10 m^3。

3）土路肩

路肩培土1 364.30 m^3。

4）病害处理

厚20 cmC30水泥混凝土板：315.60 m^3。

厚33 cmC30水泥混凝土板：119.37 m^3。

（二）招标范围

本次招标包括路面基层和路面面层两种结构形式，路面基层新建及拓宽部分采用20 cm厚水泥混凝土和26 cm厚水泥稳定碎石。路面上面层采用3.5 cm和5 cm厚AC-13I细粒式沥青混凝土；路面下面层采用4 cm厚AC-16中粒式沥青混凝土；调平层采用2 cm厚AC-16中粒式沥青混凝土。路面下面层与基层间设乳化沥青透层，路面下面层与上面层间设乳化沥青黏层。

(三)投标报价编制

投标报价编制见表 3-30~表 3-35。

五、上交资料

每人上交实训报告一份。

表 3-30　工程量清单表

合同段:××工程建设项目　　　　标表 2

第 100 章　总　则					
子目号	子目名称	单位	数量	单价(元)	合价(元)
101	通则				
101-1	保险费				
-a	按合同条款规定,提供建筑工程一切险	总额			17 074
-b	按合同条款规定,提供第三者责任险	总额			3 500
102	工程管理				
102-1	竣工文件	总额			4 700
102-2	施工环保费	总额			4 700
102-3	安全生产费	总额			84 107
103	临时工程与设施				
103-6	临时交通工程				
-a	施工标志牌	套	3.000	881.47	2 644
-b	锥形标	个	150.000	32.27	4 841
-c	施工安全临时维护(彩色尼龙绳)	m	300.000	2.77	831
104	承包人驻地建设				
104-1	承包人驻地建设	总额			30 000
第 100 章 合计　人民币 152 396 元					

清单　第 1 页　共 5 页

表 3-31　工程量清单表

合同段：× × 工程建设项目　　标表 2

第 200 章 路基					
子目号	**子目名称**	**单位**	**数量**	**单价（元）**	**合价（元）**
202	场地清理				
202-1	清理与挖掘				
-a	清理现场	m^2	128.000	1.05	134
-b	砍伐树木	棵	72.000	16.52	1 189
-c	挖除树根	棵	72.000	16.52	1 189
202-2	挖除旧路面				
-a	水泥混凝土路面	m^3	420.750	98.47	41 431
202-3	拆除结构物				
-b	混凝土结构	m^3	17.800	66.85	1 190
第 200 章 合计 人民币 45 134 元					

清单　第 2 页　共 5 页

表 3-32　工程量清单表

合同段：× × 工程建设项目　　　　标表 2

第 300 章 路面					
子目号	子目名称	单位	数量	单价（元）	合价（元）
308	透层和黏层				
308-1	透层				
-a	乳化沥青透层	m^2	3 456.000	3.05	10 541
308-2	黏层				
-a	乳化沥青黏层	m^2	78 246.600	1.42	111 110
309	热拌沥青混合料面层				
309-1	细粒式沥青混合料				
-a	AC-13 细粒式沥青混凝土面层				
-a-1	厚 3.5 cm	m^2	40 719.300	52.21	2 125 955
-a-2	厚 5 cm	m^2	264.000	74.56	19 684
309-2	中粒式沥青混凝土				
-a	AC-16 中粒式沥青混凝土面层				
-a-1	厚 4 cm	m^2	40 719.300	57.58	2 344 617
312	水泥混凝土面板				
312-3	水泥混凝土基层				
-a	厚 20 cm	m^2	71.800	122.43	8 790
313	路肩培土、中央分隔带回填土、土路肩加固及路缘石				
313-1	路肩培土	m^3	1 364.300	64.40	87 861
316	其他路面				
316-1	沥青砂灌缝	m	486.000	5.26	2 556
316-2	病害处理				
-a	C30 水泥混凝土板				
-a-1	厚 20 cm	m^3	315.600	551.47	174 044
-a-2	厚 33 cm	m^3	119.370	533.88	63 729
-b	钢筋				
-b-1	光圆钢筋（HPB235、HPB300）	kg	319.900	6.58	2 105
-c	水泥稳定碎石基层				
-c-1	厚 26 cm	m^2	3 482.380	80.24	279 426
316-3	露骨处理				
-a	AC-16 中粒式沥青混凝土调平层				
-a-1	厚 2 cm	m^3	70.100	1 469.54	103 015
第 300 章 合计　人民币 5 333 434 元					
清单　第 3 页					共 5 页

清单　第 3 页　共 5 页

表 3-33 工程量清单表

合同段：× × 工程建设项目　　　　标表 2

第 400 章 桥梁、涵洞					
子目号	**子目名称**	**单位**	**数量**	**单价(元)**	**合价(元)**
417	桥梁接缝和伸缩装置				
417-2	模数式伸缩装置				
-a	GQF-C40 型伸缩缝	m	18.000	882.18	15 879
第 400 章 合计 人民币 15 879 元					

清单 第 4 页 共 5 页

表 3-34 工程量清单表

合同段：×× 工程建设项目 标表 2

第 600 章 安全设施及预埋管线					
子目号	**子目名称**	**单位**	**数量**	**单价（元）**	**合价（元）**
602	护栏				
602-3	波形梁护栏				
-a	路侧波形梁钢护栏				
-a-1	Gr-B-2E	m	362.000	302.99	109 682
-c	波形梁钢护栏端头				
-c-1	D-I 型	个	12.000	135.27	1 623
604	道路交通标志				
604-14	警示桩				
-a	钢管柱式	个	84.000	346.66	29 119
605	道路交通标线				
605-1	热熔型涂料路面标线	m^2	679.290	36.12	24 536
第 600 章 合计 人民币 164 961 元					

清单 第 5 页 共 5 页

表 3-35 投标报价汇总表

合同段：× × 工程建设项目　　　　标表 1

序号	章次	科目名称	金额(元)
1	100	总则	152 396
2	200	路基	45 134
3	300	路面	5 333 434
4	400	桥梁、涵洞	15 879
5	600	安全设施及预埋管线	164 961
6	第 100 章至第 700 章合计		5 711 804
7	已包含在清单合计中的材料、工程设备、专业工程暂估价合计		
8	清单合计减去材料、工程设备、专业工程暂估价合计		5 711 804
9	计日工合计		
10	暂列金额(不含计日工总额)		171 354
11	投标报价		5 883 159

清单　第 1 页　共 1 页

实训报告

日期：　　　　　班级：　　　　　组别：　　　　　姓名：　　　　　学号：

实训任务	投标报价编制	成绩	
实训目的	通过此次实训，使学生明确投标报价计算与招标控制价编制的区别；掌握投标报价的编制步骤和编制时的注意事项；能正确编制投标报价文件。		
实训内容	1. 列式计算投标单价并填入表 3-36 中。 （见表 3-36） 2. 如何按综合单价计算法计算标价？		

表 3-36　填制投标单价

第 400 章　桥梁、涵洞					
子目号	子目名称	单位	数量	单价（元）	合价（元）
403-1	基础钢筋				
403-1-a	光圆钢筋	kg	10 446.5		62 575
403-1-b	带肋钢筋	kg	50 133.84		312 835
403-2	下部结构钢筋				
403-2-a	光圆钢筋	kg	8 047.34		50 054
403-2-b	带肋钢筋	kg	26 064.59		160 819
403-3	上部结构钢筋				
403-3-a	光圆钢筋	kg	23 183.3		140 027
403-3-b	带肋钢筋	kg	66 014.06		433 052

续表

实训内容	3. 分析确定表 3-37 中的工程数量来源,列式计算相关细目金额并填入表中。 表 3-37　填制相关细目金额 （见下表） 4. 投标报价的计算与招标控制价的编制有何区别?
实训总结	

表 3-37　填制相关细目金额

第 200 章　路基					
子目号	子目名称	单位	数量	单价(元)	合价(元)
207-1	边沟				
207-1-a	浆砌片石	m^3	550	252.88	
207-1-b	浆砌块石	m^3	640	179.46	
207-1-c	现浇混凝土	m^3	485	16.7	
207-1-d	预制安装混凝土	m^3	462.6	21.56	
207-2	排水沟				
207-2-a	浆砌片石	m^3	2 102.2	248.68	
207-2-b	浆砌块石	m^3	1 422.8	168.44	

第四部分　公路工程造价软件应用实训

实训一　纵横公路造价管理软件应用

一、实训目的与要求

(1)通过软件操作,能全面培养学生的识图能力、预算报表分析能力。

(2)通过实训,能加深对该软件的基本理论、基本知识、基本方法的掌握与运用。

(3)软件操作过程中,使学生逐渐形成理解图纸、计算工程量的观念。

(4)能用纵横公路造价管理软件编制造价文件。

二、实训要点与注意事项

(一)实训要点

1. 新建建设项目与造价文件

不管是编制整个项目的造价还是编制其中某个标段的造价,均需新建建设项目文件。一个建设项目文件,可以包含一个或多个项目分段文件,以及与之配套的费率、单价和定额等文件,通过这些文件组合计算,最终可以得到项目工程的造价。

2. 确定费率文件

费率文件主要是指公路工程的措施费、企业管理费、规费等费用的费率。各省(市、区)结合当地实际情况,对部颁编制办法做了相应的补充规定,根据项目所在地具体工程情况选择不同的费率标准(详见《编制办法》及各省补充规定)。

3. 建立概预算项目表

建立造价文件的项目组成结构,一般按部颁标准项目表进行划分,根据工程项目的规模不同,项目表的划分可粗可细。

4. 选定额,输入工程量

在相应的定额章节中找到需要套用的定额后直接选择即可。根据已建立完成的项目选择不同的施工工艺及施工方法,并根据设计文件或工程图纸进行工程量输入。

5. 定额调整

当定额的工作内容和计算分项的工作内容不完全一致时,要对定额进行必要的调整。

6. 补充定额的调用及编制

补充定额是指《预算定额》(或《概算定额》《公路工程估算指标》)内没有包含的定额,如为新工艺、新材料做的补充定额,使用时在软件中可直接调用。

7. 计算第二、三、四部分费用

第二、三、四部分费用系指土地使用及拆迁补偿费、工程建设其他费用、预备费,主要通过基数计算和数量单价的方式确定费用。

8. 工料机预算单价

工料机预算单价包括人工单价、材料单价、机械单价。对项目套用定额时,定额内含工料机消耗量,这时录入工料机预算单价,即可计算出造价。

9. 报表输出

通过报表设置,可根据不同需要对报表的纸张、页面及报表格式进行设置,按照不同需要输出不同格式的报表,完成报表的编排工作。

10. 数据交换

可以把整个建设项目的项目文件、单价文件和费率文件等统一压缩在一个.sbp 文件里,通过"文件—导出"操作,可进行数据交换。

一个建设项目下可能包括多个编制范围或标段。如需对同一项目下的不同范围或不同标段分别编制造价,则可通过新建多个造价文件完成。

(二)注意事项

1. 实训准备阶段

(1)实训指导教师应指导学生读懂工程图纸,让学生明确实训的目的、要求以及操作标准。

(2)学生要固定机位、人手一份工程图纸或资料。

2. 实训操作阶段

每次实训都应在实训指导教师的具体指导下进行,学生应认真完成各次实训任务。实训的具体操作如下。

(1)纵横报价:指导教师直接上机教学。

(2)纵横计量支付:指导教师直接上机演示。(了解)

(3)纵横工程算量:指导教师直接上机演示。(了解)

3. 总结阶段

学生操作完毕后,实训指导教师和学生应当及时进行总结,总结工作包括:

(1)学生撰写实训总结报告(主要谈实训的收获);

(2)实训指导教师对整个实训作总评;

(3)实训指导教师评定学生实训成绩。

三、实训范例

某公路建设项目路基填筑工程,采用 8 t 自卸汽车运输土方 3 km。用纵横公路造价管理软件进行定额调整。

主定额：1-1-11-3，8 t 以内自卸汽车运土第一个 1 km。

辅助定额：1-1-11-4，8 t 以内自卸汽车运土每增运 0.5 km × 4。

以本例进行操作讲解：8 t 自卸汽车运输土方，实际运距为 3 km。输入实际值，无须关心应采用哪个辅助定额，应调整多少增量，系统会自动完成相关定额调整的内容。具体操作内容如下。

1. 打开定额调整窗口

用鼠标点击需调整的定额，再点击左侧"定额调整"图标，展开定额调整视图（展开/隐藏切换），如图 4-1 所示。

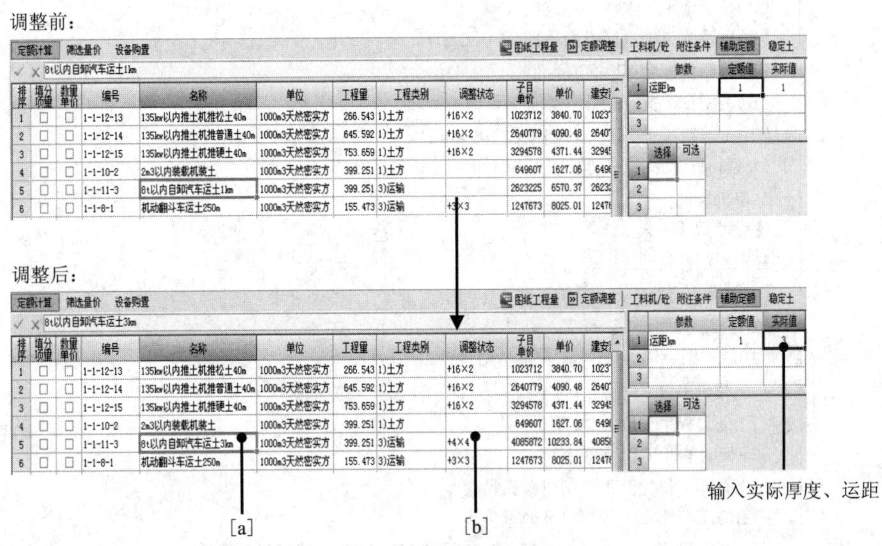

图 4-1　定额调整视图

2. 输入运距实际值

在图 4-1 右边的"实际值"一栏中输入实际的数值，即运距为 3 km。

3. 查看调整结果

输入实际数值后点击"定额调整"图标，回到正常状态，则可在调整状态栏看到调整状态。

说明：

（1）对补充定额，可以自定义辅助定额；

（2）图 4-1 中的[a]表示自动改写定额名称；

（3）图 4-1 中的[b]表示自动进行辅助定额调整，显示调整状态。

四、上交资料

每人上交实训报告一份。

实训报告(1)

日期：　　　　班级：　　　　组别：　　　　姓名：　　　　学号：

实训任务	用纵横公路造价管理软件编制土石方工程预算文件	成绩	
实训目的	通过此次实训，使学生掌握纵横公路造价管理软件的基本理论、基本知识和基本方法，学会看懂土石方工程图纸、计算土石方工程数量，会用纵横公路造价管理软件编制造价文件。		

实训内容

某一级公路全长 18.34 km，地处松原市境内，其路基填方总量(压实方)为 1 266 897 m³，采用机械化施工，土已备在路基两侧，试根据以下条件用纵横公路造价管理软件计算土方施工的预算总价。

1. 费率属性

(1)工程所在地：吉林省。

(2)费率标准：部颁概预算费率标准(2018)。

(3)冬季施工气温区：冬五区。

(4)雨季施工雨量区及雨季期：Ⅰ区 2 个月。

(5)车船税标准：北京市标准。

(6)主副食运费补贴计算综合里程为：10 km。

(7)工地转移费按工地转移里程 100 km 计。

(8)高原、沿海、风沙地区及行车干扰施工增加费均不计。

2. 单价属性

按软件默认输入。

3. 工程属性

(1)线路长 18.34 km，养护月数 2 个月。

(2)公路等级：一级，新建。

(3)施工期一年，不计年工程造价增长费。

4. 工料机单价

(1)人工单价：106.28 元/工日。

(2)柴油单价：6.85 元/kg。

5. 土石方工程建安工程项目及数量表

土石方工程建安工程项目及数量见表 4-1。

表 4-1　土石方工程建安工程项目及数量

工程项目(项目表)	工程细目(定额细目表)	单位	工程量	定额号及调整情况
借土方填筑	2 m³ 以内挖掘机挖装普通土	m³	215 705	10109008
	15 t 以内自卸汽车运输土方 8 km	m³	221 366	10111009+10×14
	135 kW 以内推土机推普通土 50 m	m³	719 285	10112014+16×3
	10 m³ 以内拖式铲运机铲普通土第 1 个 100 m	m³	359 642	10113006
	2 m³ 以内装载机装土方	m³	143 857	10110002
	4 000 L 以内洒水车洒水运距 6 km	m³	147 577	10 122 001+2×10
	高速、一级路 20 t 振动压路机碾压	m³	1 266 897	10 118 005

6. 问题

假定第二、三部分费用均不考虑，试用纵横公路造价管理软件计算该工程土石方工程项目的建筑安装工程费用。

续表

实训内容	
实训总结	

实训报告(2)

日期:　　　　　　班级:　　　　　　组别:　　　　　　姓名:　　　　　　学号:

<table>
<tr><td>实训任务</td><td>用纵横公路造价管理软件编制钢筋混凝土盖板涵工程预算文件</td><td>成绩</td><td></td></tr>
<tr><td>实训目的</td><td colspan="3">通过此次实训,使学生掌握如何利用纵横公路造价管理软件填列钢筋混凝土盖板涵的工程细目及工程数量,会用纵横公路造价管理软件编制钢筋混凝土盖板涵造价文件。</td></tr>
<tr><td>实训内容</td><td colspan="3">湖北省新建一条六车道高速公路,有一座钢筋混凝土盖板涵,标准跨径 4 m,涵高 3 m,八字墙,路基宽度 35 m。其施工图设计主要工程量见表 4-2。

表 4-2　施工图设计主要工程量表
<table>
<tr><th>序号</th><th>项目</th><th>单位</th><th>工程量</th></tr>
<tr><td>1</td><td>挖基坑土方(干处)</td><td>m^3</td><td>480</td></tr>
<tr><td>2</td><td>浆砌片石基础、护底截水沟</td><td>m^3</td><td>510</td></tr>
<tr><td>3</td><td>浆砌片石台、墙</td><td>m^3</td><td>365</td></tr>
<tr><td>4</td><td>混凝土帽石</td><td>m^3</td><td>0.9</td></tr>
<tr><td>5</td><td>矩形板混凝土</td><td>m^3</td><td>78</td></tr>
<tr><td>6</td><td>矩形板钢筋</td><td>t</td><td>8</td></tr>
</table>
25 号混凝土预制矩形板,设有一处预制场计 1 000 m^2,场地需平整碾压,30%面积需铺厚 15 cm 砂砾垫层,20%面积需用 2 cm 水泥砂浆抹平,作为预制板底模。构件运输 4 km。
1. 费率属性
(1)工程所在地:湖北省。
(2)费率标准:部颁概预算费率标准(2018)。
(3)冬季施工气温区:准一区。
(4)雨季施工雨量区及雨季期:Ⅱ区 6 个月。
(5)车船税标准:北京市标准。
(6)主副食运费补贴计算综合里程为 5 km。
(7)工地转移费按工地转移里程 50 km 计。
(8)高原、沿海、风沙地区及行车干扰施工增加费均不计。
2. 工程属性
(1)线路公里长 18.34 km,养护月数 2 个月。
(2)公路等级:一级,新建。
(3)施工期一年,不计年工程造价增长费。
3. 工料机单价
(1)人工单价:106.28 元/工日。
(2)柴油单价:6.85 元/kg。
4. 盖板涵工程建安工程项目及数量表
盖板涵工程建安工程项目及数量见表 4-3</td></tr>
</table>

续表

实训内容

表 4-3 盖板涵工程建安工程项目及数量表

工程项目	工程细目（定额细目表）	单位	工程量	定额号及调整情况
钢筋混凝土盖板涵	人工挖基坑 3 m 内土方（干处）	m^3	480	40101001
	浆砌片石基础、护底、截水墙	m^3	510	40502001
	浆砌片石台、墙（10 m 以内）	m^3	365	40502004
	泵送钢筋混凝土帽石（钢模起重机配吊斗）	m^3	0.9	40603002
	预制矩形板混凝土（跨径 4 m 以内）	m^3	78	40709001
	矩形板钢筋	t	8	40709003
	安装矩形板（起重机安装）	m^3	78	40710001
	预制构件运输 4 km（8 t 汽车起重机装卸）	m^3	78	40803009+13×6
	预制场地铺砂砾垫层	m^3	22	41105001
	预制场地水泥砂浆抹面（厚 2 cm）	m^2	90	41106017
	沥青麻絮沉降缝	m^2	60	41101001

5. 问题

假定第二、三部分费用均不考虑，试用纵横公路造价管理软件计算该盖板涵工程项目的建筑安装工程费用。

实训总结

实训二　同望 WECOST 工程造价管理软件应用

一、实训目的与要求

(1)通过软件操作,全面培养学生的识图能力、预算报表分析能力。

(2)通过实训,提高学生对该软件基本操作的掌握与运用。

(3)在软件操作过程中,逐渐帮助学生建立对图纸认知、工程量计算等的知识框架。

(4)能够比较熟练地运用同望 WECOST 工程造价管理软件编制造价文件。

二、实训要点及注意事项

(一)实训要点

1. 新建建设项目文件

一个建设项目文件,可以包含一个或多个单项工程文件以及与之配套的单价、费率和定额文件,通过这些文件组合计算,最终可以得到项目工程的造价。单项工程文件,是指路线文件、独立桥梁文件、路线标文件、独立桥梁标文件四种文件中的某一具体的工程文件。

2. 准备定额、费率、单价文件

1)准备定额文件

在新建建设项目时,已选择了建设项目类型(如施工图预算),则在打开建设项目后,在“视窗/定额”中就已经有了“部颁预算定额”文件。如果在施工图预算中需要用到概算定额等情况,可通过“导入文件”来实现。

2)准备费率文件

通过新建费率文件或调用已有的费率文件,可以准备一个与工程文件相匹配的费率文件,以便在编制造价时调用。

3)准备单价文件

(1)制定车船税。

(2)新建单价文件。

(3)调用单价文件。

3. 建立单项工程文件

根据所要编制的建设项目中的各分部分项工程新建各自的有关文件。创建单项工程文件的项目表之前,必须先新建一个单项工程文件。

(1)建立文件。

(2)确定工程属性。

4. 建立项目表

建立项目表即划分该造价文件的项目组成结构,一般按部颁标准项目表进行划分,根据工程项目的规模不同,项目表可按照需求划分。内容包括:

(1)标准增加项、目、节;

(2)非标准增加项、目、节。

5. 输入工程量

当完成项目表的编制后,点“按项目文件/填写公路公里(桥梁米)数量”菜单,系统会给单位为“公路公里”的所有分项填写路线(桥梁)长度。同时,应根据已建立完成的项目选择不同的施工工艺及施工方法,并根据设计文件或工程图纸进行工程量输入。

6. 定额录入、调整及取费

(1)定额录入。

(2)确定取费类别。

(3)定额调整。

7. 计算第二、三部分费用

(1)选取、增加费用项目。

(2)输入计算项目。

(3)输入计算式。

8. 工、料、机分析及单价计算

(1)工、料、机分析。

(2)输入单价。

(3)材料单价计算。

(4)机械台班单价计算。

(5)预算价计算。

9. 造价计算

利用同望工程造价管理软件生成所需造价。

(1)计算。

(2)汇总。

10. 审核并输出报表

系统提供了编制汇总报表和三种审核汇总报表格式,可根据需要审核和输出不同格式的报表,完成报表的审核编排工作。

报表的输出主要包括页面设置、打印预览、输出方式的选择等工作。

一个建设项目下可能包括多个编制范围或标段。如需对同一项目下的不同范围或不同标段分别编制造价,则可通过新建多个造价文件完成。

（二）注意事项

1. 实训准备阶段

（1）实训指导教师应指导学生读懂工程图纸，让学生明确实训的目的、要求以及操作标准。

（2）学生要固定机位、人手一份工程图纸或资料。

2. 实训操作阶段

每次实训都应在实训指导教师的具体指导下进行，学生应认真完成各次实训任务。实训的具体操作如下。

（1）同望 WECOST 报价：指导教师直接上机教学。

（2）同望 WECOST 计量支付：指导教师直接上机演示。（了解）

（3）同望 WECOST 网络计划：指导教师直接上机演示。（了解）

3. 总结阶段

学生操作完毕后，实训指导教师和学生应当及时进行总结，总结工作包括：

（1）学生撰写实训总结报告（主要谈实训的收获）；

（2）实训指导教师对整个实训作总评；

（3）实训指导教师评定学生实训成绩。

三、实训范例

【范例一】某桥梁工程，位于吉林省长春市内，临时汽车便道长 3.6 km，路基宽 4.5 m，路面宽 3.5 m，钢便桥 1 座，2 个墩，桥长 260 m，桩长 8 m。

主定额：7-1-1-3，汽车便道路基宽 4.5 m（平原微丘区）。

辅助定额：7-1-1-6，汽车便道 3.5 m 宽天然砂砾路面（压实厚度 15 cm）。

主定额：7-1-2-1，简易汽车钢便桥。

辅助定额：7-1-2-2，汽车便桥墩（桩长 10 m 以内）。

具体操作内容如下。

1. 选套定额

在该工程下选择要增加的位置，单击鼠标右键选择“【增加】→【定额】”，新增一条空记录，点击该空记录“编号”右侧的[...]按钮，弹出“选择定额”对话框，从定额的下拉框中选择需要的定额库。

进入定额库中找到所需选套的定额，选中需要增加的定额，再单击鼠标右键，选择“添加选中行”即可将所需定额添加到预算书中。

2. 查看调整结果

可在预算书和工料机备注栏中看到增加后的状态。

说明：也可以在预算书空白处单击鼠标右键，选择“【选择】”→“【定额】”，如图 4-2 所示，之后步骤同上例。

◎70101003	定额	汽车便道路基宽 4.5 m（平原微丘区）	km
◎70101006	定额	汽车便道 3.5 m宽天然砂砾路面（压实厚度 15 cm）	km
◎70102001	定额	简易汽车钢便桥	10 m
◎70102002	定额	汽车便桥墩（桩长 10 m以内）	座

图 4-2　选择“定额”命令

【**范例二**】某沥青混合料路面基层摊铺工程，基层为厚 22 cm 水泥稳定水泥砂，设计混合配比为 9.5：82：8.5，采用 20 t 以内自卸汽车运输，运距 5 km。

主定额：2-1-7-1，压实厚度 20 cm、配合比为 10：83：7 的厂拌基层水泥砂。

辅助定额：2-1-7-2，压实厚度每增减 1 cm、配合比为 10：83：7 的厂拌基层水泥砂。

主定额：2-1-8-9，20 t 以内自卸汽车运输厂拌基层稳定土混合料第一个 1 km。

辅助定额：2-1-8-10，20 t 以内自卸汽车运输厂拌基层稳定土混合料每增运 0.5 km。

具体操作如下。

1. 选套定额

同范例一，将所需定额添加到预算书中。

2. 调整定额

基层实际厚度、配合比、实际运距均与定额不同，需要调整。

首先，选中水泥砂土定额，单击右下侧“配比调整”图标PB，直接在“调整为”一栏中将要调整的配合比例输入，按【Enter】键确认，系统会自动生成最后单材的配合比例（配合比之和为 100%），同时自动修改定额名称。

然后，选中辅助运输定额，先单击“标准调整”图标BZ，勾选定额系数，输入 8，按【Enter】键确认。

3. 查看调整结果

输入实际数据后按【Enter】键，则可在预算书和工、料、机备注栏中看到调整后的状态。

说明：

（1）对补充定额，可以自定义辅助定额；

（2）调整过的定额，在其编号后系统自动加上“换”字，表示调整过的定额，如图 4-3 和图 4-4 所示。

◎20107001	定额	压实厚度20 cm、配合比为10：83：7的厂拌基层水泥砂	1 000 m²
◎20107002	定额	压实厚度每增减1 cm、配合比为10：83：7的厂拌基层水泥砂	1 000 m²
◎20108009	定额	20 t以内自卸汽车运输厂拌基层稳定土混合料第一个1 km	1 000 m³
◎20108010	定额	20 t以内自卸汽车运输厂拌基层稳定土混合料每增运0.5 km	1 000 m³

图 4-3　定额调整前视图

◎20107001 换	定额	压实厚度22 cm、配合比为9.5∶82∶8.5的厂拌基层水泥砂	1 000 m^2
◎20107002	定额	压实厚度每增减1 cm、配合比为9.5∶82∶8.5的厂拌基层水泥砂	1 000 m^2
◎20108009 换	定额	20 t以内自卸汽车运输厂拌基层稳定土混合料第一个1 km	1 000 m^3
◎20108010	定额	20 t以内自卸汽车运输厂拌基层稳定土混合料每增运0.5 km	1 000 m^3

图 4-4　定额调整后视图

四、上交资料

每人上交实训报告一份。

第四部分　公路工程造价软件应用实训

实训报告(1)

日期：　　　　班级：　　　　组别：　　　　姓名：　　　　学号：

<table>
<tr><td>实训任务</td><td>用同望工程造价管理软件编制路面工程预算文件</td><td>成绩</td><td></td></tr>
<tr><td>实训目的</td><td colspan="3">通过此次实训，使学生掌握同望工程造价管理软件的基本操作过程和操作方法，学会如何通过路面工程图纸计算和填写路面工程数量，会用同望工程造价管理软件编制路面工程造价文件。</td></tr>
<tr><td>实训内容</td><td colspan="3">见下文</td></tr>
</table>

某二级公路全长 8.6 km，位于河北省。主要设计资料如下。试根据以下条件用同望工程造价管理软件计算土方施工的预算总价。

1. 主要设计资料

(1)路基宽 12 m，上铺石灰稳定土基层厚 20 cm(机械沿路拌和)；路面为水泥混凝土路面宽 9.0 m，厚 25 cm，路肩为土路肩，宽 1.5 m。

(2)该路段以机械施工为主，工期一年(不计物价上涨费)，工地转移距离 100 km，主副食综合里程 15 km；

(3)本路段永久占用农田 4.85 亩(1 亩≈666.7 m^2)，每苗补偿费按 20 000 元/亩计算。

(4)汽车临时便道 4 km，路基宽 7.0 m，无路面。

(5)临时输电线路(三线橡皮线)800 m，支线 600 m。

2. 费率属性

(1)工程所在地：河北省。

(2)费率标准：部颁概预算费率标准(2018)。

(3)冬季施工气温区：冬一区Ⅱ。

(4)雨季施工雨量区及雨季期：Ⅱ区 2 个月。

(5)主副食运费补贴计算综合里程：25 km。

(6)工地转移费按工地转移里程 100 km 计。

(7)高原、风沙、沿海地区及行车干扰施工增加费均不计。

3. 工程属性

(1)税率：9%。

(2)公路等级：二级，新建。

(3)施工期一年，不计年工程造价增长费。

4. 工料机单价

(1)人工单价：105.49 元/工日。

(2)柴油单价：6.98 元/kg。

5. 水泥混凝土路面工程建安工程项目及数量表

水泥混凝土路面工程建安工程项目及数量见表 4-4。

表 4-4　水泥混凝土路面工程建安工程项目及数量

工程项目	工程细目(定额细目表)	单位	工程量	定额号及调整情况
水泥混凝土路面	滑模式摊铺机铺筑路面厚 25 cm	m^2	77 400	2-2-17-5 换，实际厚度 25 cm
	6 m^3 以内混凝土搅拌运输车运输 3 km	m^3	19 350	4-11-11-24 换，实际运距 3 km
	滑模式摊铺机铺筑路面拉杆及传力杆	t	26	2-2-17-14
	60 m^3/h 以内混凝土搅拌站拌和	m^3	19 350	4-11-11-15
	60 m^3/h 以内混凝土搅拌站安拆	座	1	4-11-11-10

6. 临时工程建安工程项目及数量表

临时工程建安工程项目及数量见表 4-5。

表 4-5　临时工程建安工程项目及数量

工程项目	工程细目(定额细目表)	单位	工程量	定额号及调整情况
临时工程	汽车便道路基宽 7 m 平原微丘区	km	4	7-1-1-1
	架设输电线路	m	1 400	7-1-5-1

续表

<table>
<tr><td>实
训
内
容</td><td>7. 问题
试根据以上已知条件用同望工程造价管理软件计算该工程项目所列出项目的第一部分建安工程费用及第三部分工程建设其他费用。</td></tr>
<tr><td>实
训
总
结</td><td></td></tr>
</table>

实训报告(2)

日期：　　　　班级：　　　　组别：　　　　姓名：　　　　学号：

<table>
<tr><td>实训任务</td><td>用同望工程造价管理软件编制钢筋混凝土拱涵工程预算文件</td><td>成绩</td><td></td></tr>
<tr><td>实训目的</td><td colspan="3">通过此次实训，使学生掌握利用同望工程造价管理软件填列钢筋混凝土拱涵的工程细目及工程数量，会用同望工程造价管理软件编制钢筋混凝土拱涵造价文件。</td></tr>
<tr><td>实训内容</td><td colspan="3">江苏省某新建二级公路，有一座钢筋混凝土拱涵，标准跨径 4 m，涵高 2.5 m，洞口为八字墙，涵洞长度为 28 m，拱部的断面为半圆形，路基宽度 12 m。其施工图设计主要工程量如表 4-6 所示。

表 4-6　施工图设计主要工程量

<table>
<tr><th>序号</th><th>项目</th><th>单位</th><th>工程量</th></tr>
<tr><td rowspan="8">钢筋混凝土拱涵</td><td>挖基坑 3 m 内土方(干处)</td><td>m^3</td><td>2 090</td></tr>
<tr><td>挖基坑石方</td><td>m^3</td><td>2 267</td></tr>
<tr><td>M5 浆砌片石基础</td><td>m^3</td><td>420</td></tr>
<tr><td>M7.5 浆砌片石台、墙</td><td>m^3</td><td>650</td></tr>
<tr><td>M7.5 浆砌片石涵底和洞口铺砌</td><td>m^3</td><td>78</td></tr>
<tr><td>M7.5 浆砌片石截水墙</td><td>m^3</td><td>80</td></tr>
<tr><td>混凝土帽石</td><td>m^3</td><td>2.86</td></tr>
<tr><td>C20 钢筋混凝土拱肋</td><td>m^3</td><td>90</td></tr>
</table>

1. 费率属性
(1)工程所在地：江苏省。
(2)费率标准：部颁概预算费率标准(2018)。
(3)冬季施工气温区：准二区。
(4)雨季施工雨量区及雨季期：II 区 4 个月。
(5)车船税：采用北京市标准。
(6)主副食运费补贴计算综合里程：18 km。
(7)工地转移费按工地转移里程 90 km 计。
(8)高原、沿海、风沙地区及行车干扰施工增加费均不计。
2. 工程属性
(1)税率：9%。
(2)公路等级：二级，新建。
(3)施工期一年，不计年工程造价增长费。
3. 工料机单价
(1)人工单价：105.49 元/工日。
(2)柴油单价：6.80 元/kg。
4. 拱涵工程建安工程项目及数量表
拱涵工程建安工程项目及数量见表 4-7。</td></tr>
</table>

续表

<table>
<tr><td>实
训
内
容</td><td>

表 4-7　拱涵工程建安工程项目及数量表

<table>
<tr><th>工程项目</th><th>工程细目(定额细目表)</th><th>单位</th><th>工程量</th><th>定额号及调整情况</th></tr>
<tr><td rowspan="9">钢筋混凝土拱涵</td><td>人工挖基坑 3 m 内土方(干处)</td><td>m^3</td><td>2 090</td><td>4-1-1-1</td></tr>
<tr><td>人工挖基坑石方</td><td>m^3</td><td>2 267</td><td>4-1-1-7</td></tr>
<tr><td>M5 浆砌片石基础、护底、截水墙</td><td>m^3</td><td>420</td><td>4-5-2-1</td></tr>
<tr><td>M7.5 浆砌片石实体式台、墙</td><td>m^3</td><td>650</td><td>4-5-2-4</td></tr>
<tr><td>M5 浆砌片石基础、护底、截水墙</td><td>m^3</td><td>78</td><td>4-5-2-1</td></tr>
<tr><td>M5 浆砌片石基础、护底、截水墙</td><td>m^3</td><td>80</td><td>4-5-2-1</td></tr>
<tr><td>浆砌混凝土预制块帽石、缘石</td><td>m^3</td><td>2.86</td><td>4-5-5-5</td></tr>
<tr><td>预制主拱圈 C20 混凝土</td><td>m^3</td><td>90</td><td>4-7-23-1</td></tr>
<tr><td>预制主拱圈钢筋</td><td>m^3</td><td>90</td><td>4-7-23-2</td></tr>
</table>

5. 问题

假定第二、三部分费用均不考虑,试用同望造价管理系统软件计算该拱涵工程项目的建筑安装工程费用。

</td></tr>
<tr><td>实
训
总
结</td><td></td></tr>
</table>

附　　录

附录一　全国冬季施工气温区划分表

<table>
<tr><th>省份</th><th>地区、市、自治州、盟（县）</th><th colspan="2">气温区</th></tr>
<tr><td>北京</td><td>全境</td><td>冬二</td><td>Ⅰ</td></tr>
<tr><td>天津</td><td>全境</td><td>冬二</td><td>Ⅰ</td></tr>
<tr><td rowspan="5">河北</td><td>石家庄、邢台、邯郸、衡水市（冀州区、枣强县、故城县）</td><td>冬一</td><td>Ⅱ</td></tr>
<tr><td>廊坊、保定（涞源县及以北除外）、衡水（冀州区、枣强县、故城县除外）、沧州市</td><td rowspan="2">冬二</td><td>Ⅰ</td></tr>
<tr><td>唐山、秦皇岛市</td><td>Ⅱ</td></tr>
<tr><td>承德（围场县除外）、张家口（沽源县、张北县、尚义县、康保县除外）、保定市（涞源县及以北）</td><td colspan="2">冬三</td></tr>
<tr><td>承德（围场县）、张家口市（沽源县、张北县、尚义县、康保县）</td><td colspan="2">冬四</td></tr>
<tr><td rowspan="5">山西</td><td>运城市（万荣县、夏县、绛县、新绛县、稷山县、闻喜县除外）</td><td>冬一</td><td>Ⅱ</td></tr>
<tr><td>运城（万荣县、夏县、绛县、新绛县、稷山县、闻喜县）、临汾（尧都区、侯马市、曲沃县、翼城县、襄汾县、洪洞县）、阳泉（盂县除外）、长治（黎城县）、晋城市（城区、泽州县、沁水县、阳城县）</td><td rowspan="2">冬二</td><td>Ⅰ</td></tr>
<tr><td>太原（娄烦县除外）、阳泉（盂县）、长治（黎城县除外）、晋城（城区、泽州县、沁水县、阳城县除外）、晋中（寿阳县、和顺县、左权县除外）、临汾（尧都区、侯马市、曲沃县、翼城县、襄汾县、洪洞县除外）、吕梁市（孝义市、汾阳市、文水县、交城县、柳林县、石楼县、交口县、中阳县）</td><td>Ⅱ</td></tr>
<tr><td>太原（娄烦县）、大同（左云县除外）、朔州（右玉县除外）、晋中（寿阳县、和顺县、左权县）、忻州、吕梁市（离石区、临县、岚县、方山县、兴县）</td><td colspan="2">冬三</td></tr>
<tr><td>大同（左云县）、朔州市（右玉县）</td><td colspan="2">冬四</td></tr>
<tr><td rowspan="5">内蒙古</td><td>乌海市、阿拉善盟（阿拉善左旗、阿拉善右旗）</td><td>冬二</td><td>Ⅰ</td></tr>
<tr><td>呼和浩特（武川县除外）、包头（固阳县除外）、赤峰、鄂尔多斯、巴彦淖尔、乌兰察布市（察哈尔右翼中旗除外），阿拉善盟（额济纳旗）</td><td colspan="2">冬三</td></tr>
<tr><td>呼和浩特（武川县）、包头（固阳县）、通辽、乌兰察布市（察哈尔右翼中旗），锡林郭勒（苏尼特右旗、多伦县）、兴安盟（阿尔山市除外）</td><td colspan="2">冬四</td></tr>
<tr><td>呼伦贝尔市（海拉尔区、新巴尔虎右旗、阿荣旗），兴安（阿尔山市）、锡林郭勒盟（冬四区以外各地）</td><td colspan="2">冬五</td></tr>
<tr><td>呼伦贝尔市（冬五区以外各地）</td><td colspan="2">冬六</td></tr>
</table>

续表

省份	地区、市、自治州、盟(县)	气温区	
辽宁	大连(瓦房店市、普兰店市、庄河市除外)、葫芦岛市(绥中县)	冬二	I
	沈阳(康平县、法库县除外)、大连(瓦房店市、普兰店市、庄河市)、鞍山、本溪(桓仁县除外)、丹东、锦州、阜新、营口、辽阳、朝阳(建平县除外)、葫芦岛(绥中县除外)、盘锦市	冬三	
	沈阳(康平县、法库县)、抚顺、本溪(桓仁县)、朝阳(建平县)、铁岭市	冬四	
吉林	长春(榆树市除外)、四平、通化(辉南县除外)、辽源、白山(靖宇县、抚松县、长白县除外)、松原(长岭县)、白城市(通榆县),延边自治州(敦化市、汪清县、安图县除外)	冬四	
	长春(榆树市)、吉林、通化(辉南县)、白山(靖宇县、抚松县、长白县)、白城(通榆县除外)、松原市(长岭县除外),延边自治州(敦化市、汪清县、安图县)	冬五	
黑龙江	牡丹江市(绥芬河市、东宁市)	冬四	
	哈尔滨(依兰县除外)、齐齐哈尔(讷河市、依安县、富裕县、克山县、克东县、拜泉县除外)、绥化(安达市、肇东市、兰西县)、牡丹江(绥芬河市、东宁市除外)、双鸭山(宝清县)、佳木斯(桦南县)、鸡西、七台河、大庆市	冬五	
	哈尔滨(依兰县)、佳木斯(桦南县除外)、双鸭山(宝清县除外)、绥化(安达市、肇东市、兰西县除外)、齐齐哈尔(讷河市、依安县、富裕县、克山县、克东县、拜泉县)、黑河、鹤岗、伊春市,大兴安岭地区	冬六	
上海	全境	准二	
江苏	徐州、连云港市	冬一	I
	南京、无锡、常州、淮安、盐城、宿迁、扬州、泰州、南通、镇江、苏州市	准二	
浙江	杭州、嘉兴、绍兴、宁波、湖州、衢州、舟山、金华、温州、台州、丽水市	准二	
安徽	亳州市	冬一	I
	阜阳、蚌埠、淮南、滁州、合肥、六安、马鞍山、芜湖、铜陵、池州、宣城、黄山市	准一	
	淮北、宿州市	准二	
福建	宁德(寿宁县、周宁县、屏南县)、三明市	准一	
江西	南昌、萍乡、景德镇、九江、新余、上饶、抚州、宜春市	准一	
山东	全境	冬一	I
河南	安阳、商丘、周口(西华县、淮阳县、鹿邑县、扶沟县、太康县)、新乡、三门峡、洛阳、郑州、开封、鹤壁、焦作、济源、濮阳、许昌市	冬一	I
	驻马店、信阳、南阳、周口(西华县、淮阳县、鹿邑县、扶沟县、太康县除外)、平顶山、漯河市	准二	
湖北	武汉、黄石、荆州、荆门、鄂州、宜昌、咸宁、黄冈、天门、潜江、仙桃市,恩施自治州	准一	
	孝感、十堰、襄阳、随州市,神农架林区	准二	
湖南	全境	准一	
重庆	城口县	准一	

续表

省份	地区、市、自治州、盟(县)	气温区	
四川	阿坝(黑水县)、甘孜自治州(新龙县、道浮县、泸定县)	冬一	Ⅱ
	甘孜自治州(甘孜县、康定市、白玉县、炉霍县)	冬二	Ⅰ
	阿坝(壤塘县、红原县、松潘县)、甘孜自治州(德格县)		Ⅱ
	阿坝(阿坝县、若尔盖县、九寨沟县)、甘孜自治州(石渠县、色达县)	冬三	
	广元市(青川县),阿坝(汶川县、小金县、茂县、理县)、甘孜(巴塘县、雅江县、得荣县、九龙县、理塘县、乡城县、稻城县)、凉山自治州(盐源县、木里县)	准一	
	阿坝(马尔康市、金川县)、甘孜自治州(丹巴县)	准二	
贵州	贵阳、遵义(赤水市除外)、安顺市,黔东南、黔南、黔西南自治州	准一	
	六盘水、毕节市	准二	
云南	迪庆自治州(德钦县、香格里拉市)	冬一	Ⅱ
	曲靖(宣威市、会泽县)、丽江(玉龙县、宁蒗县)、昭通市(昭阳区、大关县、威信县、彝良县、镇雄县、鲁甸县),迪庆(维西县)、怒江(兰坪县)、大理自治州(剑川县)	准一	
西藏	拉萨(当雄县除外)、日喀则(拉孜县)、山南(浪卡子县、错那县、隆子县除外)、昌都(芒康县、左贡县、类乌齐县、丁青县、洛隆县除外)、林芝市	冬一	Ⅰ
	山南(隆子县)、日喀则市(定日县、聂拉木县、亚东县、拉孜县除外)		Ⅱ
	昌都市(洛隆县)	冬二	Ⅰ
	昌都(芒康县、左贡县、类乌齐县、丁青县)、山南(浪卡子县)、日喀则市(定日县、聂拉木县),阿里地区(普兰县)		Ⅱ
	拉萨(当雄县)、山南(错那县)、日喀则市(亚东县),那曲(安多县除外)、阿里地区(普兰县除外)	冬三	
	那曲市(安多县)	冬四	
陕西	西安、宝鸡、渭南、咸阳(彬县、旬邑县、长武县除外)、汉中(留坝县、佛坪县)、铜川市(耀州区)	冬一	Ⅰ
	铜川(印台区、王益区)、咸阳市(彬县、旬邑县、长武县)		Ⅱ
	延安(吴起县除外)、榆林(清涧县)、铜川市(宜君县)	冬二	Ⅱ
	延安(吴起县)、榆林市(清涧县除外)	冬三	
	商洛、安康、汉中市(留坝县、佛坪县除外)	准二	
甘肃	陇南市(两当县、徽县)	冬一	Ⅱ
	兰州、天水、白银(会宁县、靖远县)、定西、平凉、庆阳、陇南市(西和县、礼县、宕昌县),临夏、甘南自治州(舟曲县)	冬二	Ⅱ
	嘉峪关、金昌、白银(白银区、平川区、景泰县)、酒泉、张掖、武威市,甘南自治州(舟曲县除外)	冬三	
	陇南市(武都区、文县)	准一	
	陇南市(成县、康县)	准二	

续表

省份	地区、市、自治州、盟（县）	气温区	
青海	海东市（民和县）	冬二	Ⅱ
	西宁、海东市（民和县除外），黄南（泽库县除外）、海南、果洛（班玛县、达日县、久治县）、玉树（囊谦县、杂多县、称多县、玉树市）、海西自治州（德令哈市、格尔木市、都兰县、乌兰县）	冬三	
	海北（野牛沟、托勒除外）、黄南（泽库县）、果洛（玛沁县、甘德县、玛多县）、玉树（曲麻莱县、治多县）、海西自治州（冷湖、茫崖、大柴旦、天峻县）	冬四	
	海北（野牛沟、托勒）、玉树（清水河）、海西自治州（唐古拉山区）	冬五	
宁夏	全境	冬二	Ⅱ
新疆	阿拉尔、哈密市（哈密市泌城镇），喀什（喀什市、伽师县、巴楚县、英吉沙县、麦盖提县、莎车县、叶城县、泽普县），阿克苏（沙雅县、阿瓦提县）、和田地区，伊犁（伊宁市、新源县、霍城县霍尔果斯镇）、巴音郭楞（库尔勒市、若羌县、且末县、尉犁县铁干里可）、克孜勒苏自治州（阿图什市、阿克陶县）	冬二	Ⅰ
	喀什地区（岳普湖县）		Ⅱ
	乌鲁木齐市（牧业气象试验站、达坂城区、乌鲁木齐县小渠子乡）、吐鲁番、哈密市（十三间房、红柳河、伊吾县淖毛湖），塔城（乌苏市、沙湾县、额敏县除外）、阿克苏（沙雅县、阿瓦提县除外）、喀什地区（塔什库尔干县），克孜勒苏（乌恰县、阿合奇县）、巴音郭楞（和静县、焉耆县、和硕县、轮台县、尉犁县、且末县塔中）、伊犁自治州（伊宁市、霍城县、察布查尔县、尼勒克县、巩留县、昭苏县、特克斯县）	冬三	
	乌鲁木齐（冬三区以外各地）、哈密地区（巴里坤县），塔城（额敏县、乌苏市）、阿勒泰（阿勒泰市、哈巴河县、吉木乃县）、昌吉（昌吉市、木垒县、奇台县北塔山镇、阜康市天池）、博尔塔拉（温泉县、精河县、阿拉山口口岸）、克孜勒苏自治州（乌恰县吐尔尕特口岸）	冬四	
	克拉玛依、石河子市，塔城（沙湾县）、阿勒泰地区（布尔津县、福海县、富蕴县、青河县），博尔塔拉（博乐市）、昌吉（阜康市、玛纳斯县、呼图壁县、吉木萨尔县、奇台县）、巴音郭楞自治州（和静县巴音布鲁克乡）	冬五	

注：为避免烦冗，各民族自治州名称予以简化，如青海省的“海西蒙古族藏族自治州”简化为“海西自治州”。

附录二　全国雨季施工雨量区及雨季期划分表

省份	地区、市、自治州、盟（县）	雨量区	雨季期（月数）
北京	全境	Ⅱ	2
天津	全境	Ⅰ	2
河北	张家口、承德市（围场县）	Ⅰ	1.5
	承德（围场县除外）、保定、沧州、石家庄、廊坊、邢台、衡水、邯郸、唐山、秦皇岛市	Ⅱ	2
山西	全境	Ⅰ	1.5
内蒙古	呼和浩特、通辽、呼伦贝尔（海拉尔区、满洲里市、陈巴尔虎旗、鄂温克旗）、鄂尔多斯（东胜区、准格尔旗、伊金霍洛旗、达拉特旗、乌审旗）、赤峰、包头、乌兰察布市（集宁区、化德县、商都县、兴和县、四子王旗、察哈尔右翼中旗、察哈尔右翼后旗、卓资县及以南），锡林郭勒盟（锡林浩特市、多伦县、太仆寺旗、西乌珠穆沁旗、正蓝旗、正镶白旗）	Ⅰ	1
	呼伦贝尔市（牙克石市、额尔古纳市、鄂伦春旗、扎兰屯市及以东），兴安盟		2
辽宁	大连（长海县、瓦房店市、普兰店区、庄河市除外）、朝阳市（建平县）	Ⅰ	2
	沈阳（康平县）、大连（长海县）、锦州（北镇市除外）、营口（盖州市）、朝阳市（凌源市、建平县除外）		2.5
	沈阳（康平县、辽中区除外）、大连（瓦房店市）、鞍山（海城市、台安县、岫岩县除外）、锦州（北镇市）、阜新、朝阳（凌源市）、盘锦、葫芦岛（建昌县）、铁岭市		3
	抚顺（新宾县）、辽阳市		3.5
	沈阳（辽中区）、鞍山（海城市、台安县）、营口（盖州市除外）、葫芦岛市（兴城市）	Ⅱ	2.5
	大连（普兰店区）、葫芦岛市（兴城市、建昌县除外）		3
	大连（庄河市）、鞍山（岫岩县）、抚顺（新宾县除外）、丹东（凤城市、宽甸县除外）、本溪市		3.5
	丹东市（凤城市、宽甸县）		4
吉林	辽源、四平（双辽市）、白城、松原市	Ⅰ	2
	吉林、长春、四平（双辽市除外）、白山市，延边自治州	Ⅱ	2
	通化市		3
黑龙江	哈尔滨（市区、呼兰区、五常市、阿城区、双城区）、佳木斯（抚远市）、双鸭山（市区、集贤县除外）、齐齐哈尔（拜泉县、克东县除外）、黑河（五大连池市、嫩江县）、绥化（北林区、海伦市、望奎县、绥棱县、庆安县除外）、牡丹江、大庆、鸡西、七台河市，大兴安岭地区（呼玛县除外）	Ⅰ	2
	哈尔滨（市区、呼兰区、五常市、阿城区、双城区除外）、佳木斯（抚远市除外）、双鸭山（市区、集贤县）、齐齐哈尔（拜泉县、克东县）、黑河（五大连池市、嫩江县除外）、绥化（北林区、海伦市、望奎县、绥棱县、庆安县）、鹤岗、伊春市，大兴安岭地区（呼玛县）	Ⅱ	2
上海	全境	Ⅱ	4

续表

省份	地区、市、自治州、盟(县)	雨量区	雨季期(月数)
江苏	徐州、连云港市	Ⅱ	2
	盐城市		3
	南京、镇江、淮安、南通、宿迁、扬州、常州、泰州市		4
	无锡、苏州市		4.5
浙江	舟山市	Ⅱ	4
	嘉兴、湖州市		4.5
	宁波、绍兴市		6
	杭州、金华、温州、衢州、台州、丽水市		7
安徽	阜阳市、亳州、淮北、宿州、蚌埠、淮南、六安、合肥市	Ⅱ	2
	滁州、马鞍山、芜湖、铜陵、宣城市		3
	池州市		4
	安庆、黄山市		5
福建	泉州市(惠安县崇武)	Ⅰ	4
	福州(平潭县)、泉州(晋江市)、厦门(同安区除外)、漳州市(东山县)	Ⅱ	5
	三明(永安市)、福州(市区、长乐区)、莆田市(仙游县除外)		6
	南平(顺昌县除外)、宁德(福鼎市、霞浦县)、三明(永安市、尤溪县、大田县除外)、福州(市区、长乐区、平潭县除外)、龙岩(长汀县、连城县)、泉州(晋江市、惠安县崇武、德化县除外)、莆田(仙游县)、厦门(同安区)、漳州市(东山县除外)		7
	南平(顺昌县)、宁德(福鼎市、霞浦县除外)、三明(尤溪县、大田县)、龙岩(长汀县、连城县除外)、泉州市(德化县)		8
江西	南昌、九江、吉安市	Ⅱ	6
	萍乡、景德镇、新余、鹰潭、上饶、抚州、宜春、赣州市		7
山东	济南、潍坊、聊城市	Ⅰ	3
	淄博、东营、烟台、济宁、威海、德州、滨州市		4
	枣庄、泰安、莱芜、临沂、菏泽市		5
	青岛市	Ⅱ	3
	日照市		4
河南	郑州、许昌、洛阳、济源、新乡、焦作、三门峡、开封、濮阳、鹤壁市	Ⅰ	2
	周口、驻马店、漯河、平顶山、安阳、商丘市		3
	南阳市		4
	信阳市	Ⅱ	2
湖北	十堰、襄樊、随州市,神农架林区	Ⅰ	3
	宜昌(秭归县、远安县、兴山县)、荆门市(钟祥市、京山县)	Ⅱ	2
	武汉、黄石、荆州、孝感、黄冈、咸宁、荆门(钟祥市、京山县除外)、天门、潜江、仙桃、鄂州、宜昌市(秭归县、远安县、兴山县除外),恩施自治州		6

续表

省份	地区、市、自治州、盟(县)	雨量区	雨季期(月数)
湖南	全境	Ⅱ	6
广东	茂名、中山、汕头、潮州市	Ⅰ	5
	广州、江门、肇庆、顺德、湛江、东莞市		6
	珠海市	Ⅱ	5
	深圳、阳江、汕尾、佛山、河源、梅州、揭阳、惠州、云浮、韶关市		6
	清远市		7
广西	百色、河池、南宁、崇左市	Ⅱ	5
	桂林、玉林、梧州、北海、贵港、钦州、防城港、贺州、柳州、来宾市		6
海南	全境	Ⅱ	6
重庆	全境	Ⅱ	4
四川	阿坝(松潘县、小金县)、甘孜自治州(丹巴县、石渠县)	Ⅰ	1
	泸州市(古蔺县)、阿坝(阿坝县、若尔盖县)、甘孜自治州(道孚县、炉霍县、甘孜县、巴塘县、乡城县)		2
	德阳、乐山(峨边县)、雅安市(汉源县)、阿坝(壤塘县)、甘孜(泸定县、新龙县、德格县、白玉县、色达县、得荣县)、凉山自治州(美姑县)		3
	绵阳(江油市、安州区、北川县除外)、广元、遂宁、宜宾市(长宁县、珙县、兴文县除外)、阿坝(黑水县、红原县、九寨沟县)、甘孜(九龙县、雅江县、理塘县)、凉山自治州(会理县、木里县、宁南县)		4
	南充(仪陇县除外)、广安(岳池县、武胜县、邻水县)、达州市(大竹县)、阿坝(马尔康市)、甘孜(康定市)、凉山自治州(甘洛县)		5
	自贡(富顺县除外)、绵阳(北川县)、内江、资阳、雅安(石棉县)、甘孜(稻城县)、凉山(盐源县、雷波县、金阳县)	Ⅱ	3
	成都、自贡(富顺县)、攀枝花、泸州(古蔺县除外)、绵阳(江油市、安州区)、眉山(洪雅县除外)、乐山(峨边县、峨眉山市、沐川县除外)、宜宾(长宁县、珙县、兴文县)、广安市(岳池县、武胜县、邻水县除外),凉山自治州(西昌市、德昌县、会理县、会东县、喜德县、冕宁县)		4
	眉山(洪雅县)、乐山(峨眉山市、沐川县)、雅安(汉源县、石棉县除外)、南充(仪陇县)、巴中、达州市(大竹县、宣汉县除外)、凉山自治州(昭觉县、布拖县、越西县)		5
	达州市(宣汉县)、凉山自治州(普格县)		6
贵州	贵阳、遵义、毕节市	Ⅱ	4
	安顺、铜仁、六盘水市,黔东南自治州		5
	黔西南自治州		6
	黔南自治州		7

续表

<table>
<tr><th>省份</th><th>地区、市、自治州、盟(县)</th><th>雨量区</th><th>雨季期(月数)</th></tr>
<tr><td rowspan="4">云南</td><td>昆明(市区、嵩明县除外)、玉溪、曲靖(富源县、师宗县、罗平县除外)、丽江(宁蒗县、永胜县)、普洱市(墨江县)、昭通市,怒江(兰坪县、泸水市六库镇)、大理(大理市、漾濞县除外)、红河(个旧市、开远市、蒙自市、红河县、石屏县、建水县、弥勒市、泸西县)、迪庆、楚雄自治州</td><td rowspan="2">Ⅰ</td><td>5</td></tr>
<tr><td>保山(腾冲市、龙陵县除外)、临沧市(凤庆县、云县、永德县、镇康县),怒江(福贡县、泸水市)、红河自治州(元阳县)</td><td>6</td></tr>
<tr><td>昆明(市区、嵩明县)、曲靖(富源县、师宗县、罗平县)、丽江(古城区、华坪县)、普洱市(思茅区、景东县、镇沅县、宁洱县、景谷县),大理(大理市、漾濞县)、文山自治州</td><td rowspan="2">Ⅱ</td><td>5</td></tr>
<tr><td>保山(腾冲市、龙陵县)、临沧(临翔区、双江县、耿马县、沧源县)、普洱市(西盟县、澜沧县、孟连县、江城县),怒江(贡山县)、德宏、红河(绿春县、金平县、屏边县、河口县)、西双版纳自治州</td><td>6</td></tr>
<tr><td rowspan="6">西藏</td><td>山南(加查县除外)、日喀则市(定日县)、那曲(索县除外)、阿里地区</td><td rowspan="5">Ⅰ</td><td>1</td></tr>
<tr><td>拉萨、昌都(类乌齐县、丁青县、芒康县除外)、日喀则(拉孜县)、林芝市(察隅县),那曲(索县)</td><td>2</td></tr>
<tr><td>昌都(类乌齐县)、林芝市(米林县)</td><td>3</td></tr>
<tr><td>昌都(丁青县)、林芝市(米林县、波密县、察隅县除外)</td><td>4</td></tr>
<tr><td>林芝市(波密县)</td><td>5</td></tr>
<tr><td>昌都市(芒康县)、山南(加查县)、日喀则市(定日县、拉孜县除外)</td><td>Ⅱ</td><td>2</td></tr>
<tr><td rowspan="3">陕西</td><td>榆林、延安市</td><td rowspan="3">Ⅰ</td><td>1.5</td></tr>
<tr><td>铜川、西安、宝鸡、咸阳、渭南市,杨凌区</td><td>2</td></tr>
<tr><td>商洛、安康、汉中市</td><td>3</td></tr>
<tr><td rowspan="5">甘肃</td><td>天水(甘谷县、武山县)、陇南市(武都区、文县、礼县),临夏(康乐县、广河县、永靖县),甘南自治州(夏河县)</td><td rowspan="5">Ⅰ</td><td>1</td></tr>
<tr><td>天水(麦积区、秦州区)、定西(渭源县)、庆阳(华池县、环县)、陇南市(西和县),临夏(临夏市)、甘南自治州(临潭县、卓尼县)</td><td>1.5</td></tr>
<tr><td>天水(秦安县)、定西(临洮县、岷县)、平凉(崆峒区)、庆阳(庆城县)、陇南市(宕昌县),临夏(临夏县、东乡县、积石山县)、甘南自治州(合作市)</td><td>2</td></tr>
<tr><td>天水(张家川县)、平凉(静宁县、庄浪县)、庆阳(镇原县)、陇南市(两当县),临夏(和政县)、甘南自治州(玛曲县)</td><td>2.5</td></tr>
<tr><td>天水(清水县)、平凉(泾川县、灵台县、华亭县、崇信县)、庆阳(西峰区、合水县、正宁县、宁县)、陇南市(徽县、成县、康县),甘南自治州(碌曲县、迭部县)</td><td>3</td></tr>
<tr><td rowspan="2">青海</td><td>西宁(湟源县)、海东市(平安区、乐都区、民和县、化隆县),海北(海晏县、祁连县、刚察县、托勒)、海南(同德县、贵南县)、黄南(泽库县、同仁县)、海西自治州(天峻县)</td><td rowspan="2">Ⅰ</td><td>1</td></tr>
<tr><td>西宁(湟源县除外)、海东市(互助县),海北(门源县)、果洛(达日县、久治县、班玛县)、玉树自治州(称多县、杂多县、囊谦县、玉树市),河南自治县</td><td>1.5</td></tr>
<tr><td>宁夏</td><td>固原地区(隆德县、泾源县)</td><td>Ⅰ</td><td>2</td></tr>
<tr><td>新疆</td><td>乌鲁木齐市(小渠子乡、牧业气象试验站、大西沟乡),昌吉(阜康市天池),克孜勒苏(吐尔尕特、托云、巴音库鲁提)、伊犁自治州(昭苏县、霍城县二台、松树头)</td><td>Ⅰ</td><td>1</td></tr>
</table>

续表

省份	地区、市、自治州、盟(县)	雨量区	雨季期(月数)
香港、澳门	(资料暂缺)		
台湾	(资料暂缺)		

注：1. 表中未列的地区除西藏林芝墨脱县因无资料未划分外，其余地区均因降雨天数或平均日降雨量未达到计算雨季施工增加费的标准，故未划分雨量区及雨季期。

2. 行政区划依据资料及自治州、市的名称列法同冬季施工气温区划分说明。

附录三　全国风沙地区公路施工区划分表

区划	沙漠(地)名称	地理位置	自然特征
风沙一区	呼伦贝尔沙地、嫩江沙地	呼伦贝尔沙地位于内蒙古呼伦贝尔平原,嫩江沙地位于东北平原西北部嫩江下游	属半干旱、半湿润严寒区,年降水量 280~400 mm,年蒸发量 1 400~1 900 mm,干燥度 1.2~1.5
	科尔沁沙地	散布于东北平原西辽河中、下游主干及支流沿岸的冲积平原上	属半湿润温冷区,年降水量 300~450 mm,年蒸发量 1 700~2 400 mm,干燥度 1.2~2.0
	浑善达克沙地	位于内蒙古锡林郭勒盟南部和赤峰市西北部	属半湿润温冷区,年降水量 100~400 mm,年蒸发量 2 200~2 700 mm,干燥度 1.2~2.0,年平均风速 3.5~5 m/s,年大风天数 50~80 d
	毛乌素沙地	位于内蒙古鄂尔多斯中南部和陕西北部	属半干旱温热区,年降水量东部 400~440 mm,西部仅 250~320 mm,年蒸发量 2 100~2 600 mm,干燥度 1.6~2.0
	库布齐沙漠	位于内蒙古鄂尔多斯北部,黄河河套平原以南	属半干旱温热区,年降水量 150~400 mm,年蒸发量 2 100~2 700 mm,干燥度 2.0~4.0,年平均风速 3~4 m/s
风沙二区	乌兰布和沙漠	位于内蒙古阿拉善东北部,黄河河套平原西南部	属干旱温热区,年降水量 100~145 mm,年蒸发量 2 400~2 900 mm,干燥度 8.0~16.0,地下水相当丰富,埋深一般为 1.5~3 m
	腾格里沙漠	位于内蒙古阿拉善东南部及甘肃武威部分地区	属干旱温热区,沙丘、湖盆、山地、残丘及平原交错分布,年降水量 116~148 mm,年蒸发量 3 000~3 600 mm,干燥度 4.0~12.0
	巴丹吉林沙漠	位于内蒙古阿拉善西南边缘及甘肃酒泉部分地区	属干旱温热区,沙山高大密集,形态复杂,起伏悬殊,一般高 200~300 m,最高可达 420 m,年降水量 40~80 mm,年蒸发量 1 720~3 320 mm,干燥度 7.0~16.0
	柴达木沙漠	位于青海柴达木盆地	属极干旱寒冷区,风蚀地、沙丘、戈壁、盐湖和盐土平原相互交错分布,盆地东部年均气温 2~4 ℃,西部为 1.5~2.5 ℃,年降水量东部为 50~170 mm,西部为 10~25 mm,年蒸发量 2 500~3 000 mm,干燥度 16.0~32.0
	古尔班通古特沙漠	位于新疆北部准噶尔盆地	属干旱温冷区,其中固定、半固定沙丘面积占沙漠面积的 97%,年降水量 70~150 mm,年蒸发量 1 700~2 200 mm,干燥度 2.0~10.0
风沙三区	塔克拉玛干沙漠	位于新疆南部塔里木盆地	属极干旱炎热区,年降水量东部 20 mm 左右,南部 30 mm 左右,西部 40 mm 左右,北部 50 mm 以上,年蒸发量在 1 500~3 700 mm,中部达高限,干燥度>32.0
	库姆达格沙漠	位于新疆东部、甘肃西部,罗布泊低地南部和阿尔金山北部	属极干旱炎热区,全部为流动沙丘,风蚀严重,年降水量 10~20 mm,年蒸发量 2 800~3 000 mm,干燥度>32.0,年 8 级以上大风天数在 100 d 以上

附录四　概(预)算表格样式

表 A.0.2-1　项目前后阶段费用对比表

建设项目名称：　　　　　　　　　　　　　　　　　　　　　　　　　　第　页 共　页

分项编号	工程或费用名称	单位	本阶段设计概算（施工图预算）			上阶段工可估算（设计概算）			费用变化		备注
			数量	单价（元）	金额（元）	数量	单价（元）	金额（元）	金额（元）	比例（%）	
1	2	3	4	5=6÷4	6	7	8=9÷7	9	10=6−9	11=10÷9	12

填表说明：

1. 本表反映一个建设项目的前后阶段各项费用组成。
2. 本阶段和上阶段费用均从各阶段的 01-1 表转入。

编制：　　　　　　　　　　　　　　　　复核：

表 A.0.2-2　建设项目属性及技术经济信息表

建设项目：　　　　　　　　　　　　　　　　　　　　　　　　　　编制日期：　　　　00 表

一	项目基本属性				
编号	名称	单位	信息		备注
001	工程所在地				
002	地形类别		平原或微丘		
003	新建/改扩建				
004	公路技术等级				
005	设计速度	km/h			
006	路面结构				
007	路基宽度	m			
008	路线长度	公路公里			不含连接线
009	桥梁长度	km			
010	隧道长度	km			双洞长度
011	桥隧比例	%			[(9)+(10)]/(8)
012	互通式立体交叉数量	km/处			
013	支线、联络线长度	km			
014	辅道、连接线长度	km			
二	项目工程数量信息				
编号	内容	单位	数量	数量指标	备注
10202	路基挖方	1 000 m^3			
10203	路基填方	1 000 m^3			
10206	排水圬工	1 000 m^3			包括防护、排水
10207	防护圬工	1 000 m^3			
10205	特殊路基	km			
10301	沥青混凝土路面	1 000 m^2			
10302	水泥混凝土路面	1 000 m^2			
10401	涵洞	m			
10402	小桥	m			
10403	中桥	m			
10404	大桥	m			
10405	特大桥	m			
10501	连拱隧道	m			
10502	小净距隧道	m			
10503	分离式隧道	m			
10602	通道	m			
10605	分离式立体交叉	处			

续表

10606	互通式立体交叉	处			
10703	管理养护服务房屋	m^2			
10901	联络线、支线工程	km			
10902	连接线工程	km			
10903	辅道工程	km			
20101	永久征地	亩			不含取(弃)土场征地
20102	临时征地	亩			
三	项目造价指标信息表				
编号	工程造价	总金额（万元）	造价指标（万元/km）	占总造价百分比（%）	备注
1	建筑安装工程费	（必填）			
101	临时工程				
102	路基工程				
103	路面工程				
104	桥梁工程				
105	隧道工程				
106	交叉工程				
107	交通工程				
108	绿化及环境保护工程				
109	其他工程				
110	专项费用	（必填）			
2	土地使用及拆迁补偿费	（必填）			
3	工程建设其他费	（必填）			
4	预备费	（必填）			
5	建设期贷款利息	（必填）			
6	公路基本造价	（必填）			
四	分项造价指标信息表				
序号	名称	单位	造价指标（元）	备注	
10202	路基挖方	m^3			
10203	路基填方	m^3			
10206	排水圬工	m^3			
10207	防护圬工	m^3			
10205	特殊路基	km			
10301	沥青混凝土路面	m^2			
10302	水泥混凝土路面	m^2			

续表

10401	涵洞	m		
10402	预制空心板桥	m^2		
10403	预制小箱梁桥	m^2		
10404	预制 T 梁桥	m^2		
10405	现浇箱梁桥	m^2		
10406	特大桥	m^2		
10501	连拱隧道	m		
10502	小净距隧道	m		
10503	分离式隧道	m		
10602	通道	m		
10605	分离式立体交叉	处		
10606	互通式立体交叉	处		
10701	交通安全设施	km		
10702	机电及设备安装工程	km		
10707	管理养护服务房屋	m^2		含土建和安装,不含外场
10901	联络线、支线工程	km		
10902	连接线工程	km		
10903	辅道工程	km		
20101	永久征地	亩		
20102	临时征地	亩		
20201	拆迁补偿	km		
30101	建设单位管理费	km		
30103	工程监理费	km		
30301	建设项目前期工作费	km		
五	**主要材料单价信息表**			
编号	名称	单位	单价(元)	备注
1001001	人工	工日		
2001002	HRB400 钢筋	t		
3001001	石油沥青	t		
5503005	中(粗)砂	m^3		
5505016	碎石(4 cm)	m^3		
5509002	42.5 级水泥	t		

编制: 复核:

表 A.0.2-3 总概(预)算汇总表

建设项目名称：

第 页 共 页 01-1 表

分项编号	工程或费用名称	单位	总数量										总金额（元）	全路段技术经济指标	各项费用比例（%）
				数量	金额（元）	技术经济指标	数量	金额（元）	技术经济指标	数量	金额（元）	技术经济指标			

填表说明：

1. 一个建设项目分若干单项工程编制概(预)算时，应通过本表汇总全部建设项目概(预)算金额。
2. 本表反映一个建设项目的各项费用组成、概(预)算总值和技术经济指标。
3. 本表分项编号、工程或费用名称、单位、总数量、概(预)算金额应由各单项或单位工程总概(预)算表(01 表)转来，部分、项、子项应保留，其他可视需要增减。
4. “全路段技术经济指标”以各项金额汇总合计除以相应总数量计算；“各项费用比例”以汇总的各项目公路工程造价除以公路基本造价合计计算。

编制： 复核：

表 A.0.2-4　总概(预)算人工、主要材料、施工机械台班数量汇总表

建设项目名称：

第　页　共　页　02-1 表

代号	规格名称	单位	总数量	编制范围													

填表说明：

1. 一个建设项目分若干个单项工程编制概(预)算时，应通过本表汇总全部建设项目的人工、主要材料与设备、施工机械台班数量。

2. 本表各栏数据均由各单项或单位工程概(预)算中的人工、主要材料、施工机械台班数量汇总表(02 表)转来，编制范围指单项或单位工程。

编制：　　　　　　　　复核：

表 A.0.2-5 总概(预)算表

建设项目名称：

编制范围：　　　　　　　　　　　　　　　　　　　　　　　　第 页 共 页 01表

分项编号	工程或费用名称	单位	数量	金额(元)	技术经济指标	各项费用比例(%)	备注

填表说明：

1. 本表反映一个单项或单位工程的各项费用组成、概(预)算金额、技术经济指标、各项费用比例(%)等。
2. 本表"分项编号""工程或费用名称""单位"等应按概预算项目表的编号及内容填写。
3. "数量""金额"由专项费用计算表(06表)、建筑安装工程费计算表(03表)、土地使用及拆迁补偿费计算表(07表)、工程建设其他费计算表(08表)转来。
4. "技术经济指标"以各项目金额除以相应数量计算；"各项费用比例"以各项金额除以公路基本造价计算。

编制：　　　　　　　　复核：

表 A.0.2-6　人工、主要材料、施工机械台班数量汇总表

建设项目名称：

编制范围：　　　　　　　　　　　　　　　　　　　　　　　　　　第　页　共　页　02 表

代号	规格名称	单位	单价（元）	总数量	分项统计								场外运输损耗	
													%	数量

填表说明：

本表各栏数据由人工、材料、施工机械台班单价汇总表（09 表）及分项工程概（预）算表（21-2 表）、辅助生产人工、材料、施工机械台班单位数量表（25 表）经分析计算后统计而来。

编制：　　　　　　　　复核：

表 A.0.2-7　建筑安装工程费计算表

建设项目名称：

编制范围：　　　　　　　　　　　　　　　　　　　　　　　　　　　　　　　　　第　页　共　页　03 表

序号	分项编号	工程名称	单位	工程量	定额直接费（元）	定额设备购置费（元）	直接费(元)				设备购置费	措施费	企业管理费	规费	利润（元）	税金（元）	金额合计（元）	
							人工费	材料费	施工机械使用费	合计					费率（%）	税率（%）	合计	单价
1	2	3	4	5	6	7	8	9	10	11	12	13	14	15	16	17	18	19
	110	专项费用	元															
	11001	施工场地建设费	元															
	11002	安全生产费	元															
合计																		

编制：　　　　　　　　　　　　　复核：

表 A.0.2-8 综合费率计算表

建设项目名称：

编制范围：

第 页 共 页 04表

序号	工程类别	措施费(%)											企业管理费(%)						规费(%)					
		冬季施工增加费	雨季施工增加费	夜间施工增加费	高原地区施工增加费	风沙地区施工增加费	沿海地区施工增加费	行车干扰施工增加费	施工辅助费	工地转移费	综合费率		基本费用	主副食运费补贴	职工探亲路费	职工取暖补贴	财务费用	综合费率	养老保险费	失业保险费	医疗保险费	工伤保险费	住房公积金	综合费率
											Ⅰ	Ⅱ												
1	2	3	4	5	6	7	8	9	10	11	12	13	14	15	16	17	18	19	20	21	22	23	24	25

填表说明：

本表应根据建设项目具体情况，按概（预）算编制办法有关规定填入数据计算。

其中：12=3+4+5+6+7+8+9+11；13 =10；19=14+15+16+17+18；25=20+21+22+23+24。

编制：　　　　复核：

表 A.0.2-9 综合费计算表

建设项目名称：

编制范围：

第 页 共 页 04-1 表

序号	工程类别	措施费(元)											企业管理费(元)						规费(元)					
		冬季施工增加费	雨季施工增加费	夜间施工增加费	高原地区施工增加费	风沙地区施工增加费	沿海地区施工增加费	行车干扰施工增加费	施工辅助费	工地转移费	综合费用		基本费用	主副食运费补贴	职工探亲路费	职工取暖补贴	财务费用	综合费用	养老保险费	失业保险费	医疗保险费	工伤保险费	住房公积金	综合费用
											I	Ⅱ												
1	2	3	4	5	6	7	8	9	10	11	12	13	14	15	16	17	18	19	20	21	22	23	24	25

填表说明：

本表应根据建设项目具体分项工程，按投资估算编制办法规定的计算方法分别计算各项费用。

其中：12=3+4+5+6+7+8+9+11；13 =10；19=14+15+16+17+18；25=20+21+22+23+24。

编制： 复核：

表 A.0.2-10 设备费计算表

建设项目名称：

编制范围：

第 页 共 页 05 表

代号	设备名称	规格型号	单位	数量	基价	定额设备购置费(元)	单价(元)	设备购置费(元)	税金(元)	定额设备费(元)	设备费(元
		填表说明：本表应根据具体的设备购置清单进行计算，包括设备规格、单位、数量、设备基价、定额设备购置费、设备预算单价、税金以及定额设备费和设备费。设备购置费不计取措施费及企业管理费。									

编制： 复核：

表 A.0.2-11　专项费用计算表

建设项目名称：

编制范围：

第　页　共　页　06表

<table>
<tr><th>序号</th><th>工程或费用名称</th><th>说明及计算式</th><th>金额(元)</th><th>备注</th></tr>
<tr><td></td><td></td><td></td><td></td><td></td></tr>
<tr><td></td><td></td><td></td><td></td><td></td></tr>
<tr><td></td><td></td><td></td><td></td><td></td></tr>
<tr><td></td><td></td><td></td><td></td><td></td></tr>
<tr><td></td><td></td><td></td><td></td><td></td></tr>
<tr><td></td><td></td><td rowspan="6">填表说明：
本表应依据项目按本办法规定的专项费用项目填写，在说明及计算式栏内填写需要说明的内容及计算式。</td><td></td><td></td></tr>
<tr><td></td><td></td><td></td><td></td></tr>
<tr><td></td><td></td><td></td><td></td></tr>
<tr><td></td><td></td><td></td><td></td></tr>
<tr><td></td><td></td><td></td><td></td></tr>
<tr><td></td><td></td><td></td><td></td></tr>
<tr><td></td><td></td><td></td><td></td><td></td></tr>
<tr><td></td><td></td><td></td><td></td><td></td></tr>
<tr><td></td><td></td><td></td><td></td><td></td></tr>
<tr><td></td><td></td><td></td><td></td><td></td></tr>
<tr><td></td><td></td><td></td><td></td><td></td></tr>
<tr><td></td><td></td><td></td><td></td><td></td></tr>
<tr><td></td><td></td><td></td><td></td><td></td></tr>
</table>

编制：　　　　　　　　　　复核：

表 A.0.2-12　土地使用及拆迁补偿费计算表

建设项目名称：

编制范围：

第　页　共　页　07 表

序号	费用名称	单位	数量	单价(元)	金额(元)	说明及计算式	备注

填表说明：

本表按规定填写单位、数量、单价和金额；说明及计算式中应定明标准及计算式；子项下边有分项的，可以按顺序依次往下编号。

编制：　　　　　　　　　　复核：

表 A.0.2-13 工程建设其他费计算表

建设项目名称：

编制范围：　　　　　　　　　　　　　　　　　　　　　第　页　共　页　08 表

序号	费用名称及项目	说明及计算式	金额（元）	备注

填表说明：

本表应按具体发生的其他费用项目填写，需要说明和具体计算的费用项目依次相应在说明及计算式栏内填写或具体计算，各项费用具体填写如下。

1. 建设项目管理费包括建设单位（业主）管理费、建设项目信息化费、工程监理费、设计文件审查费、竣（交）工验收试验检测费，按编办规定的计算基数、费率、方法或有关规定列式计算。
2. 研究试验费应根据设计需要进行研究试验的项目分别填写项目名称及金额或列式计算或进行说明。
3. 建设项目前期工作费按编办规定的计算基数、费率、方法计算。
4. 专项评价（估）费、联合试运转费、生产准备费、工程保通管理费、工程保险费、预备费、建设期贷款利息等其他费用根据本编办规定或国家有关规定依次类推计算。

编制：　　　　　　　　复核：

表 A.0.2-14　人工、材料、施工机械台班单价汇总表

建设项目名称：

编制范围：

第　页　共　页　09 表

序号	名称	单位	代号	预算单价（元）	备注	序号	名称	单位	代号	预算单价（元）	备注

填表说明：

本表预算单价主要由材料预算单价计算表(22 表)和施工机械台班单价计算表(24 表)转来。

编制：　　　　　　　　　　复核：

表 A.0.3-1　分项工程概(预)算计算数据表

建设项目名称：

编制范围：　　　　标准定额库版本号：　　　　校验码：　　　　第　页　共　页　21-1 表

分项编号/定额代号/工料机代号	项目、定额或工料机的名称	单位	数量	输入单价	输入金额	分项组价类型或定额子目取费类别	定额调整情况或分项算式

填表说明：

1. 本表应逐行从左到右横向逐栏填写。

2.“分项编号”“定额”“工料机”等的代号应根据实际需要按本办法附录 B 概预算项目表及现行《公路工程概算定额》(JTG/T 3831)、《公路工程预算定额》(JTG/T 3832)的相关内容填写。

3. 本表主要是为利用计算机软件编制概算、预算提供分项组价基础数据，列明工程项目全部计算分项的组价参数；分项组价类型包括：输入单价、输入金额、算式列表、费用列表和定额组价五类；定额调整情况分配合比调整、钢筋调整、抽换、乘系数、综合调整等，非标准补充定额列出其工料机及其消耗量；具体填表规则由软件用户手册详细制定。

4. 标准定额库版本号由公路工程造价依据信息平台和最新的标准定额库一起发布，造价软件接收后直接输出。

5. 校验码由定额库版本号加密生成，由公路工程造价依据信息平台与定额库版本号同时发布，造价软件直接输出，为便于校验，造价软件可按条形码形式输出。

编制：　　　　复核：

表 A.0.3-2　分项工程概（预）算表

编制范围：

分项编号：

工程名称：　　　单位：　　　数量：　　　单价：　　　第　页　共　页　21-2 表

代号	工程项目												合计	
	工程细目													
	定额单位													
	工程数量													
	定额表号													
	工、料、机名称	单位	单价（元）	定额	数量	金额（元）	定额	数量	金额（元）	定额	数量	金额（元）	数量	金额（元）
1	人工	工日												
2	……													
	直接费	元												
	措施费 I	元												
	措施费 Ⅱ	元												
	企业管理费	元												
	规费	元			%			%			%			
	利润	元			%			%			%			
	税金	元			%			%			%			
	金额合计	元												

填表说明：

1. 本表按具体分项工程项目数量、对应概（预）算定额子目填写，单价由 09 表转来，金额=Σ 工、料、机各项的单价 × 定额 × 数量。
2. 措施费、企业管理费按相应项目的定额人工费与定额施工机械使用费之和或定额直接费 × 规定费率计算。
3. 规费按相应项目的人工费 × 规定费率计算。
4. 利润按相应项目的（定额直接费+措施费+企业管理费）× 利润率计算。
5. 税金按相应项目的（直接费+措施费+企业管理费+规费+利润）× 税率计算。
6. 措施费、企业管理费、规费、利润、税金对应定额列填入相应的计算基数，数量列填入相应的费率。

编制：　　　　复核：

表 A.0.3-3　材料预算单价计算表

建设项目名称：

编制范围：　　　　　　　　　　　　　　　　　　　　第　页　共　页　22 表

代号	规格名称	单位	原价（元）	运杂费					原价运费合计（元）	场外运输损耗		采购及保管费		预算单价（元）
				供应地点	运输方式比重及运距	毛质量系数或单位毛质量	运杂费构成说明或计算式	单位运费（元）		费率（%）	金额（元）	费率（%）	金额（元）	

填表说明：

1. 本表计算各种材料自供应地点或料场至工地的全部运杂费与材料原价及其他费用组成预算单价。
2. 运输方式按火车、汽车、船舶等及所占运输比重填写。
3. 毛质量系数、场外运输损耗、采购及保管费按规定填写。
4. 根据材料供应地点、运输方式、运输单价、毛质量系数等，通过运杂费构成说明或计算式，计算得出材料单位运费。
5. 材料原价与单位运费、场外运输损耗、采购及保管费组成材料预算单价。

编制：　　　　　　　　　　复核：

表 A.0.3-4　自采材料料场价格计算表

编制范围：　　　　　自采材料名称：　　　单位：　　　数量：　　　料场价格：　　　第　页　共　页　23-1 表

代号	工程项目												合计	
	工程细目													
	定额单位													
	工程数量													
	定额表号													
	工、料、机名称	单位	单价(元)	定额	数量	金额(元)	定额	数量	金额(元)	定额	数量	金额(元)	数量	金额(元)
	直接费	元												
	辅助生产间接费	元			%			%			%			
	高原取费	元			%			%			%			
	金额合计	元												

填表说明：

1. 本表主要用于分析计算自采材料料场价格，应将选用的定额人工、材料、施工机械台班数量全部列出，包括相应的工、料、机单价。
2. 材料规格用途相同而生产方式（如人工捶碎石、机械轧碎石）不同时，应分别计算单价，再以各种生产方式所占比重根据合计价格加权平均计算料场价格。
3. 定额中施工机械台班有调整系数时，应在本表内计算。
4. 辅助生产间接费、高原取费对应定额列填入相应的计算基数，数量列填入相应的费率。

编制：　　　　　　　　复核：

表 A.0.3-5　材料自办运输单位运费计算表

编制范围：　　　　采材料名称：　　　单位：　　　数量：　　　单位运费：　　　第　页　共　页　23-2 表

代号	工程项目												合计	
	工程细目													
	定额单位													
	工程数量													
	定额表号													
	工、料、机名称	单位	单价(元)	定额	数量	金额(元)	定额	数量	金额(元)	定额	数量	金额(元)	数量	金额(元)
	直接费	元			%			%			%			
	辅助生产间接费	元			%			%			%			
	高原取费	元			%			%			%			
	金额合计	元												

填表说明：

1. 本表主要用于分析计算材料自办运输单位运费，应将选用的定额人工、材料、施工机械台班数量全部列出，包括相应的工、料、机单价。
2. 材料运输地点或运输方式不同时，应分别计算单价，再按所占比重加权平均计算材料运输价格。
3. 定额中施工机械台班有调整系数时，应在本表内计算。
4. 辅助生产间接费、高原取费对应定额列填入相应的计算基数，数量列填入相应的费率。

编制：　　　　　　复核：

表 A.0.3-6　施工机械台班单价计算表

建设项目名称：

编制范围：

第　页　共　页　24 表

序号	代号	规格名称	台班单价（元）	不变费用（元）		可变费用（元）											
				调整系数		人工（元/工日）		汽油（元/kg）		柴油（元/kg）						车船税	合计
				定额	调整值	定额	金额	定额	金额	定额	金额	定额	金额	定额	金额		
				填表说明：1. 本表应根据公路工程机械台班费用定额进行计算。不变费用如有调整系数应填入调整值；可变费用各栏填入定额数量。2. 人工、动力燃料的单价由材料预算单价计算表（22 表）中转来。													

编制：　　　　　　　　复核：

表 A.0.3-7 辅助生产人工、材料、施工机械台班单位数量表

建设项目名称：

编制范围：

第 页 共 页 25表

序号	规格名称	单位	人工(工日)						

填表说明：

本表各栏数据由自采材料料场价格计算表(23-1 表)和材料自办运输单位运费计算表(23-2 表)统计而来。

编制： 复核：

参考文献

[1] 中华人民共和国交通运输部. 公路工程建设项目概算预算编制办法：JTG 3830—2018[S]. 北京：人民交通出版社，2018.

[2] 中华人民共和国交通运输部. 公路工程预算定额（上、下两册）：JTG/T 3832—2018[S]. 北京：人民交通出版社，2018.

[3] 中华人民共和国交通运输部. 公路工程概算定额（上、下两册）：JTG/T 3831—2018[S]. 北京：人民交通出版社，2018.

[4] 中华人民共和国交通运输部. 公路工程机械台班费用定额：JTG/T 3833—2018[S]. 北京：人民交通出版社，2018.

[5] 中华人民共和国交通运输部. 公路工程标准施工招标文件（2018 年版）[S]. 北京：人民交通出版社，2017.

[6] 中华人民共和国交通运输部. 公路工程工程量清单计价规范（2018 年版）[S]. 北京：人民交通出版社，2017.

[7] 中华人民共和国交通运输部. 公路工程建设项目造价文件管理导则：JTG 3810—2017[S]. 北京：人民交通出版社，2017.

[8] 中华人民共和国交通运输部. 公路工程建设项目招标投标管理办法（2015 年版）[S]. 北京：人民交通出版社，2015.

[9] 中华人民共和国住房和城乡建设部. 建设工程工程量清单计价规范：GB 50500—2013[S]. 北京：中国计划出版社，2013.

[10] 湖南省交通运输厅. 公路工程工程量清单计量规则[S]. 北京：人民交通出版社，2010.

[11] 张丽华. 公路工程概预算编制指南[M]. 2 版. 北京：人民交通出版社，2008.

[12] 邢凤岐，徐连铭. 公路工程定额应用与概、预算编制示例[M]. 北京：人民交通出版社，2008.

[13] 高峰. 公路工程造价实务[M]. 北京：北京理工大学出版社，2018.

[14] 高峰，张求书. 公路工程造价[M]. 3 版. 北京：北京理工大学出版社，2020.